Joël Chédru

JÉSUS
ce célèbre inconnu

L'espoir pour aujourd'hui et demain

Édité par l'Association Viens et Vois
1 chemin de la Garde - 69290 Grézieu la Varenne
Dépôt légal : Septembre 2011

Couverture : Conception graphique Christophe Raby
03 25 75 21 86 - 06 28 21 86 03
Illustrations intérieures : Marc Auvray

Édition Septembre 2011

ISBN : 978-2-36334-011-5

Un grand merci !

Tout d'abord au Seigneur, de m'avoir donné une épouse, qui a été pour moi une aide précieuse et une bénédiction depuis plus de quarante années au service de Dieu dans le ministère pastoral.

À mes collègues pasteurs Daniel Demeestère et Laurent Van De Putte, dont le ministère d'évangéliste est connu et reconnu dans la France entière, pour avoir pris le temps de me lire, pour leurs remarques, leurs conseils et leurs encouragements.

Au professeur et pasteur Daniel Guillet pour ses corrections, afin que notre belle langue française soit scrupuleusement respectée.

À Marc Auvray, un ami de longue date, pour avoir exercé son talent pour l'œuvre de Dieu depuis de nombreuses années, et de l'exprimer encore par ses quelques dessins à l'encre de Chine.

Mon vœu et ma prière pour vous, c'est que par ces quelques lignes, vous puissiez découvrir ou mieux connaître Celui qui est le véritable espoir pour aujourd'hui et demain : JÉSUS, ce célèbre inconnu.

Bonne lecture !

Le Havre, le 24 décembre 2010

“Tous les siècles proclameront
qu’entre tous les fils des hommes,
il n’en est pas né
de plus grand que Jésus”

Ernest Renan

Table de matières

Préface

Dans notre époque moderne que certains qualifient de "post-chrétienne", on sait que l'assistance des fidèles aux divers services religieux est plutôt en baisse. Les préoccupations des Français sont essentiellement tournées vers la satisfaction des besoins matériels. Le chômage, la maladie ou l'insécurité sont leurs préoccupations majeures, bien plus que les discussions théologiques.

Pourtant nos contemporains sont toujours en quête de sens et se posent encore les mêmes questions fondamentales sur la vie et la mort. Les textes religieux fondateurs sont à nouveau recherchés, particulièrement la Bible. Tous les libraires le disent, un grand nombre de nouveaux livres sont consacrés à Jésus, sa personne, ses enseignements. La religion semble en perte de vitesse, mais la vie du Fils de Dieu interpelle.

Le livre qui est entre vos mains a été écrit par un homme qui, toute sa vie, a parlé de Jésus à ses contemporains. Il sait que le message de paix et d'amour contenu dans l'Évangile apporte au cœur qui le reçoit la force de vivre et de surmonter les épreuves. Nul doute que le lecteur de cet ouvrage aura largement entendu parler de Jésus. Poussé par la curiosité, il aura certainement le désir de tester ses connaissances et peut-être celui de les approfondir.

Joël Chédru a fait un travail très intéressant car il répond à ces deux genres de questionnements : vérifier pourquoi Jésus est si célèbre tout en découvrant que, finalement, on le connaît si peu. S'il fallait qualifier ce livre par deux adjectifs, je dirais qu'il est tout à la fois moderne et biblique.

Il est moderne car il fourmille d'anecdotes tirées du quotidien, puisées aux sources historiques les plus certaines ou de citations de personnalités connues. On est surpris, en les lisant, de constater combien Jésus a marqué toutes les cultures, aussi bien de ceux qui l'ont suivi que des autres. Ses enseignements et ses exemples ont une telle valeur que celui qui les accepte n'a pas à en rougir. En vérité, l'Évangile correspond aux attentes et aux besoins de notre société.

Il est biblique car le texte évangélique est constamment sollicité par un auteur qui ne se laisse pas aller à une folle imagination pour en livrer une interprétation romanesque ou personnelle, mais il reprend scrupuleusement les textes, pour les présenter simplement. Comprendre l'Écriture, c'est découvrir la clé d'un pays merveilleux, celui de la foi au Fils de Dieu tel que vous pouvez le découvrir vous aussi : un Jésus vivant, présent et qui nous met en contact avec l'amour de Dieu.

Ajoutons que plusieurs dessins originaux illustrent agréablement l'ouvrage.

Gérard Fo
Rédacteur en chef de la revue "Pentecôte"

Introduction

Il y a quelques années, une équipe d'archéologues effectuait des fouilles dans une partie ancienne de la ville de Thessalonique, un port de la Macédoine au Nord-Est de la Grèce. Les ouvriers découvrirent un cimetière grec datant du 1er siècle de notre ère. Au milieu des tombes païennes, ils en trouvèrent une sur laquelle étaient écrits ces mots : "Aucune espérance".

Quelqu'un a dit : "L'espérance est à la vie ce que l'oxygène est aux poumons". L'espérance est une "nécessité psychologique" indispensable à notre vie, à notre équilibre et à l'épanouissement de notre être intérieur. "Un monde sans espoir est irrespirable" disait André Malraux.

Si notre espérance s'appuie uniquement sur les hommes, à cause de la nature même de l'homme et de son avenir incertain, cette espérance est alors truffée d'incertitudes. Le poète français Lamartine nous parle "d'un monde où tout est fugitif, périssable, incertain", et Pierre Loti "des lendemains remplis d'incertitudes".

Pour que notre espérance ne se transforme pas un jour en désespérance, il faut qu'elle ait un fondement solide. Ce fondement inébranlable, c'est Dieu, qui est appelé dans la Bible *"le Dieu de l'espérance"* (Romains 15/13), son Fils, *"Jésus-Christ notre espérance"* (1 Timothée 1/1), et sa Parole, la Bible qui déclare : *"Tout ce qui a été écrit d'avance l'a été pour notre instruction, afin que, par la patience et par la consolation que donnent les Écritures, nous possédions l'espérance"*

(Romains 15/4). Et quelle espérance ! *"l'espérance de la vie éternelle, promise... par le Dieu qui ne ment pas"* (Tite 1/2).

L'espérance chrétienne s'appuie sur les promesses de Dieu qui sont certaines et véritables. C'est une attente confiante, une tranquille certitude, un regard calme et serein vers "l'avenir qui appartient à Dieu" comme l'a dit avec raison Victor Hugo.

L'Évangile, une valeur sûre

Bien des livres ont été écrits sur Jésus, le Christ. Mais le seul livre qui soit la référence parfaite, infaillible dans son contenu, qui nous dit toute la vérité sur Jésus, c'est bien l'Évangile !

On dira d'une personne qui ment facilement : "Soyez prudent, tout ce qu'elle dit n'est pas parole d'évangile." Cela signifie tout simplement que sa parole ne doit pas être acceptée sans réserve. Voici ce que dit le dictionnaire français, Le Robert, au mot Évangile : "Parole d'évangile, chose sûre, indiscutable", et le Larousse fait cette remarque : "Chose certaine."

L'Évangile, écrit par quatre des disciples du Christ : Matthieu, Marc, Luc et Jean, nous relate l'essentiel de la vie et de l'enseignement de Jésus-Christ. Luc, qui était médecin, homme consciencieux et méticuleux, le seul auteur non-juif du Nouveau-Testament (2e partie de la Bible qui s'ouvre par l'Évangile), commence son écrit en précisant ceci à son destinataire et ami Théophile :

"Plusieurs ayant entrepris de composer un récit des événements qui se sont accomplis parmi nous, suivant ce que nous ont transmis ceux qui ont été des témoins oculaires dès le commencement (du ministère de Jésus) *; il m'a aussi semblé bon de faire une enquête exacte sur tout ce qui s'est passé. J'ai recueilli des informations précises sur tous les événements depuis leur origine, je les ai vérifiés soigneusement et je vais te les exposer d'une manière suivie. Ainsi, tu pourras constater que les enseignements qui t'ont été donnés de vive voix sont vrais et entièrement dignes de confiance"* (Luc 1/1-3 – Parole vivante).

La Bible est une valeur sûre. Elle porte à notre connaissance des faits historiques, réels, authentiques. *"C'est une parole certaine et entièrement digne d'être reçue"* (1 Timothée 1/15).

Dans son livre "La descendance de l'homme", Darwin utilise souvent l'expression "Nous pouvons supposer que..." Mais la Bible, qui est aussi appelée "L'Écriture Sainte" et "La Parole de Dieu", n'est pas un livre de suppositions ou d'hypothèses, de mythes ou de légendes. La Bible, l'Évangile, ce n'est pas de la littérature, au sens péjoratif du terme, pour parler de ce qui est artificiel et opposé à la réalité ; c'est un livre de certitudes.

S'adressant à Dieu, son Père, Jésus dira dans une de ses prières : *"Ta parole est la vérité"* (Jean 17/17).

Ce n'est pas sans raison que la Bible est considérée comme le best-seller mondial. C'est le livre le plus traduit, le plus diffusé, et le plus lu dans le monde. Selon l'Alliance Biblique Universelle, la Bible est aujourd'hui entièrement ou partiellement traduite en 2 479 langues et disponible en 451 traductions complètes. La Bible a déjà été diffusée à plus de 2 milliards d'exemplaires. Elle fut recopiée à la main pendant plus de 3 000 ans. C'est le livre dont on possède le plus de manuscrits complets ou partiels.

En 1947, 382 manuscrits furent découverts dans des jarres de terre cuite au fond des onze grottes de Qumrân, à proximité de la mer Morte en Israël, dont un rouleau complet du livre du prophète Ésaïe. Le texte est écrit sur dix-sept feuilles de cuir cousues ensemble, bout à bout, d'une longueur totale de sept mètres trente-quatre, étonnamment bien conservé. Il a été confectionné au 2e siècle avant J.C. Il est exposé au Musée du Livre à Jérusalem.

L'Allemand Gutenberg (à qui l'on doit l'invention de l'imprimerie à caractères mobiles) acheva en 1453 la toute première édition de la Bible. Elle sera imprimée à plus de cent cinquante exemplaires, dont un se trouve à la Bibliothèque Mazarine à Paris.

Voici ce que des hommes célèbres ont dit de la Bible :

➤ Victor Hugo : "Sachez que le livre le plus philosophique, le plus populaire, le plus éternel, c'est l'Écriture Sainte. Ensemencez donc les villages d'Évangiles, une Bible par cabane."

➤ Jean Jaurès : "La Bible fait bondir la tête et le cœur des hommes. C'est le livre des sursauts, des images grandioses et tragiques, des grandes revendications sociales, des prophéties annonçant l'égalité fraternelle des hommes, amenant la disparition de la guerre entre les peuples."

➤ Georges Clémenceau : "Si l'on appliquait fidèlement les enseignements de l'Évangile, le problème social serait résolu."

➤ Jean-Jacques Rousseau : "La majesté des Écritures m'étonne, la sainteté de l'Évangile parle à mon cœur. Voyez les livres des philosophes, qu'ils sont petits près de celui-là."

➤ Le Cardinal Liénard : "La Bible est une œuvre divine qui nous révèle des mystères de Dieu, ses desseins et ses œuvres."

➤ John-F. Kennedy : "J'ai l'espoir que tous, quelles que soient leur occupation, leur foi, leur église et leur langue, se tourneront vers la Bible et rafraîchiront leur esprit et leur cœur à cette source de vérité."

➤ Henri Dunant (Fondateur de la Croix Rouge) : "Nous voulons, avec le secours de Dieu, proclamer toujours plus haut et plus ferme les grandes vérités évangéliques."

Dieu nous a laissé deux grands ouvrages, la création et la Bible ; la création pour nous faire connaître sa toute puissance et sa sagesse infiniment variée, et la Bible pour nous révéler sa nature et ses desseins bienveillants à notre égard.

Le célèbre roi David a écrit, environ mille ans avant Jésus-Christ, *"Les cieux racontent la gloire de Dieu, et le firmament proclame l'œuvre de ses mains"* (Psaume 19/2). Ce Psaume souligne dans sa première partie, la manifestation de la gloire de Dieu dans la création, et, dans sa deuxième partie, les perfections de la Loi divine : *"La Loi de l'Éternel est parfaite."*

Quand je vois ces hautes montagnes aux sommets enneigés, dominant ces vallées verdoyantes, embellies de mille fleurs,

Quand j'admire ce magnifique coucher de soleil à l'horizon,

Quand je regarde cette fleur aux couleurs vives s'ouvrir et s'épanouir à la lumière,

Quand j'entends ces petits oiseaux chanter au lever du jour,

Quand je regarde les vidéos du Commandant Cousteau nous montrant les merveilles des fonds marins, tout cela me parle, me raconte la sagesse infiniment variée de Dieu, *"les perfections invisibles de Dieu, sa puissance éternelle et sa divinité qui se voient dans ses œuvres, quand on y réfléchit"* (Paul aux Romains 1/20).

Les savants nous disent que notre galaxie contient des milliards d'étoiles qui se déplacent dans un univers aux dimensions astronomiques, à des vitesses vertigineuses, et avec une précision qui a fait dire au grand astronome Sir James Jeans : "L'univers semble avoir été conçu par un mathématicien."

Werner Van Braun, pionnier de l'astronautique, responsable des programmes de la NASA jusqu'en 1970, a dit : "Plus je pénètre dans l'espace, plus grande est ma foi en Dieu."

Le savant Igor Bogdanov a écrit : "Pour donner une idée de la finesse inconcevable avec laquelle l'univers paraît avoir été réglé, il suffit d'imaginer la prouesse que devrait accomplir un joueur de golf qui, depuis la terre, parviendrait à loger sa balle dans un trou situé quelque part sur la planète Mars."

"Les hommes voyagent au loin pour s'émerveiller de la hauteur des montagnes, des vagues énormes de la mer, du cours si long des fleuves, de l'immensité de l'océan, de la rotation des étoiles ; et ils passent à côté d'eux-mêmes sans s'étonner" (Paroles de Saint-Augustin).

C'est encore le roi David qui a écrit : *"C'est Toi, Éternel, qui m'as tissé dans le sein de ma mère. Je te loue de ce que tu as fait de mon corps une œuvre si étonnante et si merveilleuse. Tes œuvres sont admirables, et mon âme le reconnaît bien"* (Psaume 139/13-14).

Si vous pesez soixante-dix kilos, poids moyen d'un être humain, vous possédez quelque chose de très précieux, qui pèse dix mille fois moins, ce sont vos yeux ! Un œil pèse environ sept grammes. C'est vraiment peu, et pourtant, nos yeux sont si précieux ! Ne dit-on pas d'une chose à laquelle nous attribuons une grande valeur : "J'y tiens comme à la prunelle de mes yeux" ?

L'œil est un organe extraordinairement merveilleux. Il possède 132 millions de cellules, soit 125 millions de bâtonnets qui permettent de distinguer la lumière de l'obscurité, et 7 millions de cônes qui permettent de percevoir les couleurs, qui sont autant de cellules photosensibles qui transmettent leurs informations au cerveau par le nerf optique.

Quand nous considérons le fonctionnement du cristallin, de la rétine, de la pupille, dont le diamètre varie de un à huit millimètres, celle-ci se réduisant à la lumière vive, et devenant plus grande à faible éclairage, tout cela avec un automatisme remarquable, nous sommes remplis d'admiration. Comparer l'œil aux appareils photos les plus perfectionnés d'aujourd'hui, revient à comparer le château de Versailles à une modeste cabane de jardin. Ce que les hommes font n'atteindra jamais la perfection des œuvres de Dieu.

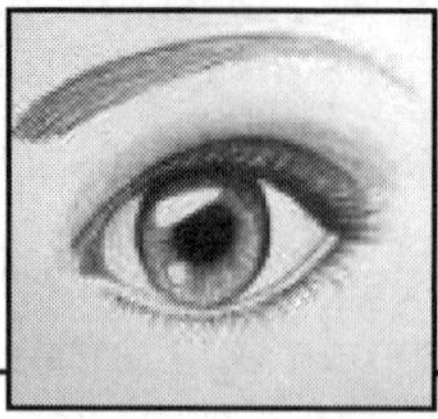

"L'oreille qui entend et l'œil qui voit, c'est l'Éternel qui les a faits l'un et l'autre"
Proverbe 20/12

Quand nous étudions un peu le sujet de l'anatomie humaine, nous découvrons que le corps est d'une complexité étonnante, et malgré cette complexité, ses mécanismes fonctionnent avec une précision et une efficacité qui nous émerveillent et nous révèlent la sagesse infiniment variée de Dieu, notre créateur.

Ernest Renan : "Disséquer le corps humain, c'est détruire sa beauté ; et pourtant, par cette dissection, la science arrive à y reconnaître une beauté d'un ordre supérieur que la vue superficielle n'aurait pas soupçonnée."

La création, avec ses innombrables merveilles, nous délivre un message clair et évident sur la grandeur de Dieu. Elle est devant nos yeux, comme un message, pour nous interpeller et nous appeler à chercher Dieu qui se révèle à nous plus particulièrement dans sa Parole écrite, la Bible.

Dans la vitrine d'un marchand de journaux, j'ai vu un magazine dont le titre a attiré mon attention : "La Bible du foot !" Vous l'avez compris, il s'agissait d'une revue de football qui consacrait son numéro spécial à un événement mondial de ce sport.

J'ai entendu un présentateur du journal télévisé dire que "La Constitution française est la Bible du monde politique." Le Code Civil est appelé "La Bible du Magistrat." Une édition du Grand Larousse gastronomique : "La Bible des gastronomes." Le célèbre journal Financial Times : "La Bible des économistes." En ce qui concerne l'informatique, il y a "La Bible du PC." En imprimerie, on parle de "papier bible" un papier extra-fin et d'excellente qualité, etc.

Que veut dire tout ceci ?

Voici ce que le dictionnaire "Le Robert" dit de la Bible : "Recueil des textes inspirés des Juifs, Ancien Testament, et des Chrétiens, Nouveau Testament – (et, lisez bien) Ouvrage faisant autorité."

La Constitution française, pour en revenir à elle, dit tout ce qui est nécessaire de savoir pour le fonctionnement de nos institutions. En cas de conflit, c'est elle qui tranche puisque son autorité est reconnue par tous.

Quant à la Bible, elle nous dit tout ce que nous devons savoir sur Dieu, sur Jésus-Christ, sur la création, sur l'homme, son origine, sa destinée, sur la vie, sur l'au-delà, etc. C'est la référence, l'autorité suprême en matière de foi. Elle est parfaitement fiable. C'est *"La Parole vivante et permanente de Dieu"* (1 Pierre 1/23).

À Washington, capitale fédérale des États Unis, il y a un texte de la constitution des États Unis qui est vraiment particulier. Si on examine de près cette copie, elle apparaît comme une quantité de lignes irrégulières bizarrement entremêlées. Mais, quand le visiteur recule et regarde avec l'éloignement et la perspective nécessaires, il voit alors le visage de George Washington, l'inspirateur de la Constitution Américaine. Les lignes sont si ingénieusement tracées et si habilement espacées qu'elles reproduisent exactement le visage de George Washington. C'est ainsi que le texte de la constitution trace les lignes de son portrait.

Mais il y a quelque chose de plus admirable encore dans la constitution divine. Selon le Larousse, la constitution est un ensemble de principes, de textes fondamentaux servant de charte, de référence, qui déterminent le gouvernement d'un pays. Or la Bible, au travers de ses lignes, nous révèle le plus beau des portraits, celui de Jésus-Christ qui a dit à ses contemporains : *"Vous étudiez les Écritures, parce que vous pensez avoir en elles la vie éternelle. Ce sont elles qui rendent témoignage de moi"* (Jean 5/39).

Alors qu'il s'entretenait avec deux de ses disciples, Jésus, *"commençant par les écrits de Moïse et continuant par ceux de tous les prophètes, leur expliqua dans toutes les Écritures ce qui le concernait"* (Luc 24/27). Un peu plus tard, aux onze disciples réunis, il dira : *"Je vous disais... qu'il fallait que s'accomplisse tout ce qui est écrit à mon sujet dans la loi de Moïse, dans les prophètes et dans les Psaumes"* (24/44). Jésus, le Messie promis, est le fil conducteur de toutes les Écritures, le thème central du message de Dieu aux humains.

Lors du couronnement du Roi de Grande-Bretagne George VI le 12 mai 1937, l'Archevêque protestant de Canterbury présenta la Bible au roi en lui disant : "Majesté ! Nous vous offrons ce Livre, la chose la plus précieuse au monde !"

"Plus précieux est pour moi l'enseignement de ta bouche que des quantités d'or et d'argent" (Psaume 119/72).

Gagner de l'argent, toujours plus d'argent, "cet argent empoisonneur et destructeur" comme le disait très justement Émile Zola, est devenu pour certains un véritable dieu. "Mon dieu, c'est mon portemonnaie quand il est plein." Je l'ai souvent entendue cette réflexion !

Sous le titre : "Pourquoi les Français sont fous des jeux ?", un journaliste a écrit dans un article paru dans l'Express : "Quelle mouche a piqué les Français ? Ils cochent, grattent, griffent, et taquinent le destin avec l'énergie du désespoir." On le dit : "L'argent ne fait pas le bonheur." Et pourtant, la course effrénée vers l'argent passionne un nombre toujours grandissant de Français, qui se précipitent vers les jeux de hasard plus nombreux que jamais.

Certes, l'argent peut nous procurer un certain confort et une certaine sécurité, à condition qu'il soit pour nous, comme l'a dit quelqu'un : "Un bon serviteur et non un mauvais maître." Ce n'est pas un péché d'avoir de l'argent, voire beaucoup d'argent, s'il a été gagné honnêtement ; mais, sous prétexte que l'argent n'a pas d'odeur, faire argent de tout en usant même de malhonnêteté, conduira tôt ou tard ceux qui s'y livrent dans bien des tourments.

Avec de l'argent, vous pouvez acheter un beau lit et un bon matelas, mais pas le sommeil ; une excellente nourriture, mais pas l'appétit ; de magnifiques bijoux, mais pas la beauté ; les meilleurs médicaments, mais pas la santé ; des tranquillisants, mais pas la paix intérieure ; de nombreux livres, mais pas l'intelligence ; un excellent confort, mais pas le bonheur ; une assurance sur la vie, mais pas sur la mort ; une place au soleil ou au cimetière, mais pas dans le ciel.

La Bible dit : *"Ne vous livrez pas à l'amour de l'argent"* (Hébreux 13/5). *"Car l'amour de l'argent est la racine de toutes sortes de maux"* (1 Timothée 6/10).

Une vie en harmonie avec l'enseignement de la Bible a bien plus de valeur que tout l'or et l'argent du monde. Parlant avec un ami du décès d'un riche que Dieu n'intéressait absolument pas et de celui d'un croyant sincère qui pratiquait sa foi, cet homme disait : Le riche a quitté tous ses biens, et le croyant est parti vers son trésor.

Jésus est devenu célèbre

Alors que, dans les années 1960, les Beatles étaient au sommet de leur popularité mondiale, la journaliste Maureen Cleave interviewa John Lennon avec cette question : "Comment vit un Beatle ?" Voici un extrait de cette interview parue dans le "London Evening Standard du 6 mars 1966.

Lennon déclara : "Le Christianisme disparaîtra. Il s'évaporera. J'ai raison, et il sera prouvé que j'ai raison. Nous sommes désormais plus populaires que Jésus."

Cette déclaration fit scandale aux États-Unis, et à l'aube de leur ultime tournée, le 11 août 1966 à Chicago, John Lennon fut obligé de se justifier devant les médias américains. Ce qu'il fit en ces termes : "Je ne dis pas que nous sommes meilleurs ou plus grands. Je ne nous compare pas à Jésus-Christ en tant que personne ou à Dieu en tant qu'entité. J'ai juste dit ce que j'ai dit, et j'ai eu tort..."

C'est bien de l'avoir reconnu.

L'Évangile déclare : *"Le roi Hérode entendit parler de Jésus dont le nom était devenu célèbre"* (Marc 6/14). Les récits bibliques nous donnent les raisons de sa célébrité : *"Beaucoup de gens qui l'entendirent étaient étonnés et disaient : Quelle est cette sagesse qui lui a été donnée, et comment de tels miracles se font-ils par ses mains ?"* (Marc 6/2). Des miracles qui ne sont pas des symboles à décrypter pour en tirer une leçon morale ou spirituelle, mais bien des faits réels, des miracles authentiques.

"Sa renommée se répandait de plus en plus, et les gens venaient en foule pour l'entendre et pour être guéris de leurs maladies" (Luc 5/15).

"... des aveugles voient, des boiteux marchent, des lépreux sont guéris, des sourds entendent, des morts reviennent à la vie, la bonne nouvelle est annoncée aux pauvres" (Matthieu 11/5).

Malheureusement, je crois pouvoir dire qu'aujourd'hui, pour beaucoup de nos concitoyens, Jésus, dont le nom est si célèbre, est pourtant souvent bien méconnu. Mais, me direz-vous : "Vous employez ici deux mots contraires, célèbre signifie très connu." Vous pensez peut-être que ma formulation est erronée ? Pas du tout !

C'est vrai que son nom est célèbre, il est très connu, et il est connu dans le monde entier. Son passage sur la terre, il y a quelque deux mille ans, a tellement marqué l'histoire de notre humanité que nos historiens ont cru bon de compter nos années à partir de la naissance de Jésus-Christ. Quand nos enfants et nos jeunes étudient l'histoire, le nom de Jésus-Christ est souvent cité. Il y a ce qui s'est passé avant ou après Jésus-Christ.

Pour parler d'une situation donnée, de deux forces inégales en présence et en opposition, on entend souvent ces expressions : "C'est le pot de terre contre le pot de fer", ou encore : "C'est David contre Goliath." Je vous invite à lire le récit authentique, qui n'est pas une légende, de ce combat historique dans le 1er Livre du prophète Samuel au chapitre 17. Le jeune et vaillant berger David triompha du géant Goliath. À 30 ans, il devint roi d'Israël et régna 40 ans sur ce pays.

Quand ? De 1004 à 965 avant Jésus-Christ.

Il y a donc environ 3 000 ans, David fit de Jérusalem la capitale du royaume d'Israël. David est le plus célèbre des ancêtres de Jésus-Christ.

Même la date dans votre journal ou sur l'écran de votre ordinateur témoigne que Jésus a vécu en terre d'Israël il y a plus de deux mille ans.

Il est vrai que, si le nom de Jésus est célèbre, très connu, son personnage, son origine, sa nature, son caractère, ses sentiments, ses desseins bienveillants et son amour pour nous sont malheureusement trop souvent méconnus. Il en est de même des événements entourant sa mort, sa résurrection, son ascension, et de la promesse de son retour à Jérusalem pour établir son règne de justice et de paix sur la terre, qui sont pour beaucoup, totalement inconnus. Vous croyez que connaître le nom de quelqu'un, c'est vraiment le connaître ? Bien sûr que non !

L'apôtre Paul, parlant de son expérience, a écrit : *"Je connais celui en qui j'ai cru"* (2 Timothée 1/12 – version David Martin). Il cite dans ses lettres : *"l'excellence de la connaissance de Jésus-Christ"* ou *"ce bien suprême qu'est la connaissance de Jésus-Christ"* (Philippiens 3/8 – TOB).

Jésus a dit à une femme samaritaine : *"Si tu connaissais le don de Dieu et qui est celui qui te dit : Donne-moi à boire ! tu lui aurais toi-même demandé à boire, et il t'aurait donné de l'eau vive"* (Jean 4/10). J'aimerais attirer votre attention sur les trois verbes employés par Jésus : *"Si tu connaissais... tu lui aurais demandé... et il t'aurait donné..."* Cette parole de Jésus souligne clairement que la connaissance de Jésus, mais pas seulement de son nom, est une grande source d'enrichissement pour notre vie, tant sur le plan moral que spirituel et à bien d'autres égards.

Comment pourrait-on faire confiance à une personne qu'on ne connaît absolument pas ? Mais, si on connaît bien cette personne et qu'on la sache tout à fait digne de notre confiance, comme c'est le cas pour Jésus, alors c'est facile de lui faire confiance.

Cela fait plus de 54 ans que j'ai appris à connaître Jésus, que j'ai mis en lui toute ma foi, toute ma confiance et, croyez-moi, je n'ai pas été déçu, loin de là. J'ai vu sa grâce agir dans bien des domaines de ma vie. Jésus a dit : *"Vous croyez en Dieu, croyez aussi en moi"* (Jean 14/1).

Le but de ce livre, c'est de vous aider à découvrir qui est Jésus, et de vous conduire vers son Évangile qui vous le fera vraiment connaître, et vers cette formidable expérience qu'un poète chrétien a exprimée en ces termes :

"Connaître Christ et l'aimer sur la terre,
C'est le bonheur !"

Le mystère Jésus

Un mystère, c'est ce qui est inaccessible à la raison humaine, ce qui dépasse notre compréhension. Par exemple, la Bible appelle Dieu : "L'Éternel", mot qui signifie : "Qui est hors du temps, qui n'a pas eu de commencement et qui n'aura pas de fin." On conçoit assez facilement que Dieu n'ait pas de fin, mais qu'il n'ait pas eu de commencement, c'est un mystère qui dépasse notre compréhension. Il nous faut le reconnaître, il y a bien des mystères qui nous dépassent et que nous ne saurions expliquer.

Prenons l'exemple du cerveau humain qui possède autant d'éléments que nos galaxies d'étoiles. Il contient des milliards de neurones dont chacun peut former des milliers de connexions, le tout étant contenu dans un volume équivalent à une brique de lait, pour un poids moyen d'un kilo trois cents grammes. C'est prodigieux, phénoménal ! Comment ne pas y reconnaître la main de Dieu, ce grand "Architecte" (Hébreux 11/10) qui a manifesté une telle ingéniosité et une si grande sagesse en créant ce véritable chef d'œuvre ?

> **"Ce que nous savons est comme une goutte d'eau, et ce que nous ignorons est comme un océan"**
> **Auteur inconnu**

Dans son livre "Dieu des fourmis, Dieu des étoiles", le célèbre biologiste Rémy Chauvin, parlant du cerveau humain, dit ceci : "Machine pensante fantastique, encore largement inconnue et que, mystère des mystères, nous savons utiliser sans démêler le moins du monde comment elle nous obéit... Toute machine ne suppose-t-elle pas un constructeur, un ingénieur ?

De nombreux sages l'ont dit, mais d'autres se sont réfugiés dans l'hypothèse du hasard, la seule qui permette d'échapper à l'ingénieur... Il faudrait admettre carrément ce qui nous crève les yeux : les subtiles machines de la vie ont un Constructeur qui nous a construits nous-mêmes..."

Ce constructeur, ce grand ingénieur dont parle Rémy Chauvin, n'est autre que Dieu, notre créateur et le créateur de cet immense univers qui nous entoure. *"Dieu est infiniment grand"* (Psaume 104/1), en puissance et en sagesse, nous dit la Bible, et *"sa grandeur est insondable"* (Psaume 145/3).

Le prophète Ésaïe nous interpelle avec cette question : *"À qui voulez-vous me comparer, pour que je lui ressemble ? dit le Saint. Levez les yeux en haut et regardez ! Qui a créé ces choses ?"* (40/25-26). Dieu posa à Job cette question : *"Où étais-tu quand j'ai fondé la terre ?"* (38/4).

Ne commettons pas l'erreur de vouloir ramener Dieu à notre dimension humaine, et de l'enfermer dans le temps et l'espace. Reconnaissons bien humblement la sagesse infiniment variée de Dieu et sa toute-puissance qui dépassent tout ce que nous pouvons concevoir. Dieu est infini, et nous, malgré toutes nos connaissances, nous sommes des êtres finis, bien limités.

La Bible nous dit que *"Dieu est infiniment grand"* (Psaume 104/1). Elle nous parle de *"l'infinie grandeur de sa puissance"* (Éphésiens 1/19), de *"sa sagesse infiniment variée"* (Éphésiens 3/10), de *"l'infinie richesse de sa grâce"* (Éphésiens 2/7). Elle nous affirme que *"Dieu peut faire infiniment au-delà de ce que nous demandons ou pensons"* (Éphésiens 3/20).

INFINI ! C'est la dimension de Dieu. Dieu, qui a créé l'infiniment petit comme l'atome et l'infiniment grand comme l'univers, a voulu se faire connaître aux hommes. Et il l'a fait : *"Personne n'a jamais vu Dieu, le Fils unique, qui vit dans l'intimité du Père, nous l'a révélé"* (Jean 1/18).

L'apôtre Paul parle du *"mystère de Dieu, savoir Christ"* (Colossiens 2/2), en qui *"habite corporellement toute la plénitude de la divinité"* (Colossiens 2/9), et qui, avant d'être conçu dans le sein de la vierge Marie, existait déjà de toute éternité.

"Il était de condition divine. Il ne chercha pas à profiter de son égalité avec Dieu, mais il s'est dépouillé lui-même, et il a pris la condition du serviteur. Il se rendit semblable aux hommes en tous points. Il a paru comme un vrai homme" (Philippiens 2/8 – Semeur).

De toute éternité, Christ a été égal à son Père, jouissant des gloires célestes. Mais il n'a pas regardé cette position comme un privilège à défendre à tout prix ; il a abandonné cette égalité avec Dieu son Père, pour venir sauver un monde pécheur : *"Il s'est humilié lui-même, se rendant obéissant jusqu'à la mort, même jusqu'à la mort de la Croix"* (Philippiens 2/8).

De nombreux textes bibliques soulignent la préexistence éternelle de Jésus-Christ, sa divinité et son incarnation. C'est un mystère, dont l'apôtre Paul a eu connaissance par une révélation divine (Éphésiens 3/3-4).

"Le Christ est Dieu, au-dessus de toutes choses, béni éternellement"
Romains 9/5

Trois grands hebdomadaires français bien connus ont publié des articles sur Jésus. Voici un extrait de l'un d'eux, sous le titre "Enquête sur Jésus : Vingt siècles après sa mort, la vie de Jésus reste l'une des plus formidables énigmes. Jésus est encore, chaque année, le sujet de dizaines d'ouvrages, comme si la soif de savoir des hommes à son égard ne s'était jamais épuisée." L'auteur termine en écrivant : "Il subsistera toujours un mystère Jésus."

Jésus est un personnage hors du commun, unique et sans égal, incontournable dans l'histoire de notre humanité.

"Les esprits superficiels voient une ressemblance entre Christ et les fondateurs de religion. Cette ressemblance n'existe pas. Il y a entre le christianisme et toute autre religion la distance de l'infini"

Napoléon

Jésus est vraiment unique

Il y a un verset de l'Évangile selon Jean, que Martin Luther a appelé "La Bible en miniature", et dont on a souvent dit qu'il était "Tout l'Évangile en condensé", c'est Jean 3/16 : *"Dieu a tellement aimé le monde, qu'il a donné son Fils UNIQUE, afin que quiconque croit en lui ne périsse pas, mais qu'il ait la vie éternelle."*

Unique ne signifie pas seulement qui est seul ; il signifie aussi qui n'a pas son semblable, qui est sans pareil, qui est infiniment au-dessus des autres, qui est incomparable. Seul a un sens relatif, unique a un sens absolu.

Sous le titre "Le Christ incomparable", un auteur inconnu a écrit ceci : "Jamais il n'a écrit un livre, et cependant aucune bibliothèque ne pourrait contenir les livres qui ont été écrits à son sujet. Il n'a jamais fondé une école, et pourtant toutes les universités du monde ne pourraient se vanter d'avoir rassemblé autant de disciples. Il n'a jamais appris ni exercé la médecine, mais qui donc pourrait dire le nombre de cœurs brisés par la souffrance qui, depuis vingt siècles, ont trouvé auprès de lui la guérison ?

Il n'a jamais commandé une armée, ni enrôlé un soldat, ni manié un fusil, et pourtant aucun chef n'a levé plus de volontaires. Et de par le monde entier, des rebelles ont déposé les armes de la révolte et soumis leur volonté à la sienne, sans aucune parole de sommation de sa part, sans un geste de violence, par les seules armes de la douceur..."

Aussi nombreux que nous soyons sur la terre, nous savons que chaque être humain est un être unique. Nous avons tous placé un jour notre index sur un tampon encreur pour ensuite appliquer notre doigt sur un document de l'état civil. Nous laissons ainsi notre empreinte digitale qui est propre à chaque individu et qui permet une identification précise. Cette méthode qu'on appelle la dactyloscopie, est très utilisée pour l'identification des individus en médecine légale et par la police scientifique.

Les progrès de la science aidant, la médecine légale utilise maintenant les empreintes génétiques, pour identifier ou innocenter des suspects grâce à leur sang, leur salive ou leur sperme. Elles permettent également d'identifier des restes humains, d'organiser des dons d'organes, et de faire des tests de paternité. Ces tests sont – dit-on – fiables à 99,9999 %.

Nous savons que, grâce à l'ADN, cette molécule présente dans toutes les cellules vivantes et contenant notamment de nombreuses informations génétiques caractérisant chaque individu, on a pu innocenter des présumés criminels et démasquer des coupables. Nos empreintes attestent d'une façon formelle que nous sommes tous des êtres uniques.

Si nous, humains, nous sommes des êtres uniques, Jésus, lui, l'est d'autant plus, car, s'il est appelé dans les Évangiles plus de 60 fois *"le fils de l'homme"* (Luc 24/7) ; il est également appelé "Fils de Dieu" (Marc 1/1). "Il est le reflet de la gloire de Dieu et l'empreinte de sa personne" (Hébreux 1/3). Selon d'autres versions "la représentation exacte de ce que Dieu est" ou encore *"l'expression parfaite de la nature divine... Le Fils est l'image du Dieu invisible"* (Colossiens 1/15).

La Bible nous avertit de ne pas rabaisser l'image de Dieu au niveau de la matière, car *"Dieu est esprit"*, a dit Jésus (Jean 4/24).

D'ailleurs, le deuxième des dix commandements interdit à tout homme de se faire une image sculptée qui représenterait Dieu, et de se prosterner devant elle (Exode 20/4). La Bible condamne sévèrement toute forme d'idolâtrie.

La Bible nous enseigne clairement que Dieu, qui est esprit, a consenti à s'incarner, à devenir un homme de sang et de chair ; d'où le mystère de l'incarnation : *"Dieu a été manifesté en chair"* (1 Timothée 3/16).

Ce miracle inexplicable, unique dans toute l'histoire de l'humanité, mais tout à fait authentique, s'est réalisé au travers de Marie, une jeune fille juive vierge et pieuse (Matthieu 1/18-20), qui a mis au monde l'enfant Jésus, lequel a été conçu par le Saint-Esprit (Matthieu 1/20).

Le Nouveau Testament applique deux fois le mot image à Jésus. *"Le Fils est l'image du Dieu invisible"* (Colossiens 1/15), *"...la splendeur de l'Évangile de la gloire de Christ, qui est l'image de Dieu"* (2 Corinthiens 4/4).

Plus que jamais, à l'époque de la presse illustrée, de la bande dessinée, de la télévision, de la vidéo, des multimédias, l'image est reine. Or, le sens du mot image, c'est la reproduction d'un être, c'est l'expression de l'abstrait par le concret. Ainsi, Dieu qui est esprit s'est fait homme, afin de se révéler à nous. C'est pourquoi Jésus dira : *"Celui qui m'a vu a vu le père"* (Jean 14/9) ; non pas sur le plan physique, car Dieu est esprit, mais sur le plan moral et spirituel.

Jésus a été sur la terre la visibilité parfaite de ce que Dieu est, quant à sa personnalité morale et spirituelle

---

La vraie beauté de Jésus

Une petite fille, qui était assise sur les genoux de sa mamy lui posa cette question pour le moins surprenante : "Mamy, pourquoi ton visage est tout rayé ?" Bien sûr, cette réflexion d'une enfant peut faire sourire. Cette mamy d'un âge très avancé avait un visage sillonné de rides. Sans vouloir vexer qui que ce soit, nous savons très bien que la vieillesse n'embellit personne. Mais, comme l'a dit quelqu'un : "La vraie beauté, c'est celle du cœur !"

La Bible dit : *"Recherchez plutôt la beauté de l'être intérieur, la parure impérissable d'un esprit doux et paisible, qui est d'une grande valeur aux yeux de Dieu"* (1 Pierre 3/4 – Français courant).

Au gré de leur imagination, bien des artistes ont représenté Jésus au visage rayonnant d'une grande beauté. Mais aucun texte de l'Écriture, qui est la vérité, ne nous laisse entendre cela. La Bible ne nous dit rien concernant l'aspect physique de Jésus, si ce n'est cette prophétie d'Ésaïe qui nous le révèle tel qu'il est apparu à ses contemporains : *"Il n'avait ni beauté ni éclat pour attirer nos regards et son aspect n'avait rien pour nous plaire"* (53/2).

La Bible dit : *"Il a paru comme un simple homme"* (Philippiens 2/8). Voici ce qui est écrit sur ses contemporains, ceux qui habitaient à Nazareth où Jésus avait été élevé, et qui connaissaient bien sa famille : *"Quand ils l'entendirent, ils étaient étonnés et disaient : D'où lui viennent cette sagesse et ces miracles ? N'est-ce pas le fils du charpentier ? N'est-ce pas Marie qui est sa mère ? Jacques, Joseph, Simon et Jude ne sont-ils pas ses frères ? Et ses sœurs ne sont-elles pas ici parmi nous ?"* (Marc 6/3). C'était un homme parmi les hommes, un Juif parmi les Juifs.

Ce n'est pas en compagnie de l'aristocratie et des grands de ce monde que l'on trouve le Fils de Dieu, mais plutôt au milieu de la souffrance et de la détresse humaines. Alors qu'il se trouve dans la synagogue de Nazareth le jour du sabbat, il se lève pour faire la lecture d'un passage des Écritures :

"Ayant déroulé le livre du prophète Ésaïe, il trouva l'endroit où il est écrit : L'Esprit du Seigneur est sur moi, parce qu'il m'a oint pour annoncer une bonne nouvelle aux pauvres. Il m'a envoyé pour guérir ceux qui ont le cœur brisé ; pour proclamer aux captifs la délivrance et aux aveugles le recouvrement de la vue, pour renvoyer libres les opprimés, pour publier une année de grâce du Seigneur" (Luc 4/17-19).

Dans le Psaume 45, qui est reconnu comme un Psaume messianique, à cause de sa description prophétique du Messie, et qui entrevoit le futur avènement du Roi des rois, du Messie d'Israël, Chef de l'Église et Sauveur du monde, nous lisons ces paroles : *"Tu es le plus beau des fils de l'homme"* (45/3).

Sa véritable beauté ne résidait pas dans son aspect physique, extérieur et visible de tous, mais dans sa véritable identité, dans sa nature, dans son caractère, dans sa sagesse, dans la noblesse de ses sentiments, dans sa grandeur d'âme, dans les paroles de grâce qui sortaient de sa bouche.

"De nombreuses imperfections existent dans toutes les vies, sauf dans celle de Jésus"
Napoléon

La beauté est par définition ce qui éveille un plaisir admiratif. On parlera de la beauté d'un paysage, d'un tableau, d'une œuvre d'art. La beauté, c'est aussi ce qui éveille l'admiration par ses qualités morales et intellectuelles. On parlera de la beauté d'un sentiment, d'un geste, d'une âme. Cette beauté évoque aussi une idée de noblesse, de supériorité morale. C'est en cela que Jésus est *"le plus beau des fils de l'homme."*

"Il est saint, innocent, irréprochable, parfait" (Hébreux 7/26-28).

"Celui qui n'a pas connu le péché, Dieu l'a, pour nous, identifié au péché, afin que par lui, nous soyons justes aux yeux de Dieu" (2 Corinthiens 5/21 – Bible du Semeur et TOB).

Jésus, ému de compassion

De nombreuses fois la Bible fait référence à la compassion divine. Sept fois nous avons dans l'Évangile l'expression : *"Jésus, ému de compassion."* Cette expression caractérise le ministère de Jésus :

➤ Matthieu 9/36 : *"ému de compassion pour une foule languissante et abattue."*

➤ Matthieu 14/14 : *"ému de compassion pour une grande foule avec des malades."*

➤ Matthieu 15/28-32 : *"ému de compassion pour une foule, ayant avec elle beaucoup de malades."*

➤ Marc 1/41 : *"ému de compassion pour un lépreux qu'il va purifier."*

➤ Marc 6/34 : *"ému de compassion pour une foule qui était comme des brebis sans berger."*

➤ Marc 8/2 : *"ému de compassion pour une foule qui n'a rien à manger"* et qu'il va miraculeusement rassasier.

➤ Luc 7/13 : *"ému de compassion pour une veuve qui portait en terre son fils unique"* qu'il va ressusciter et rendre à sa mère.

Quand l'apôtre Pierre résumera le ministère de Jésus, il dira ceci : *"Jésus allait de lieu en lieu en faisant du bien et en guérissant..."* (Actes 10/38) :

➤ Un homme paralysé à Capernaüm (Marc 2/1-12),

➤ L'aveugle Bartimée aux abords de Jéricho (Marc 10/46-53).

➤ Dix lépreux à l'entrée d'un village (Luc 17/11-19),

➤ Une femme souffrant d'hémorragie depuis douze ans (Marc 5/25-34),

➤ Un sourd qui avait de la difficulté à parler (Marc 7/31-37),

➤ Une femme infirme depuis dix-huit ans (Luc 13/10-17),

➤ Le fils d'un officier qui était près de mourir (Jean 4/46-53).

"Une grande foule s'approcha de Jésus, ayant avec elle des boiteux, des aveugles, des muets, des estropiés, et beaucoup d'autres malades. On les mit à ses pieds, et il les guérit ; en sorte que la foule était dans l'admiration de voir que les muets parlaient, que les estropiés étaient guéris, que les boiteux marchaient, que les aveugles voyaient ; et elle glorifiait le Dieu d'Israël" (Matthieu 15/30-31).

Aujourd'hui, comme en ce temps-là, la détresse nous entoure de toutes parts. Elle peut être matérielle, physique, morale ou spirituelle. Face à elle, deux possibilités s'offrent à nous : ou bien l'indifférence qui, comme le disait un journaliste sur Europe 1 "est une des tares de notre monde moderne" ou bien la compassion.

Loin d'être indifférent devant la souffrance qu'il côtoyait chaque jour, Jésus était ému de compassion, remué au plus profond de son être, saisi dans ses entrailles, capable de pleurer avec Marthe et Marie devant le tombeau de leur frère Lazare qui venait de mourir quatre jours auparavant : *"Jésus la voyant pleurer, elle et les Juifs qui étaient avec elle, frémit en son esprit et fut tout ému. Et il dit : Où l'avez-vous mis ? Seigneur, lui répondirent-ils, viens et vois. Jésus pleura"* (Jean 11/33-35).

Ce n'étaient pas des "larmes de crocodile", ni de la sensiblerie, mais bien l'expression d'une véritable compassion. Le mot compassion signifie "souffrir avec." Le verbe original signifie : "pleurer des yeux et de la voix", c'est-à-dire avec des sanglots.

Parfaitement divin, Jésus est aussi parfaitement humain.

Un philosophe iranien a dit : "Un être humain digne de ce nom se reconnaît à sa compassion, sa générosité et sa bienveillance. Éprouver de la compassion, même pour ses ennemis, est signe de grandeur d'âme et de perfection spirituelle."

Jésus est vraiment cet homme avec une grandeur d'âme et une perfection spirituelle sans égale ici-bas. Il en a fait la démonstration quand il fut crucifié. Alors qu'on se moque de lui, qu'on lui jette à la face toutes sortes d'injures et de railleries, il prie Dieu en faveur de ses ennemis : *"Père, pardonne-leur, car ils ne savent ce qu'ils font"* (Luc 23/34).

Certes, ils savent très bien que ce qu'ils font est mal, mais ce qu'ils ignorent, c'est qu'ils crucifient le Fils de Dieu, le Sauveur du monde, celui qui leur veut du bien, le bienfaiteur par excellence.

On racontait, autrefois, certaines histoires sur les exploits des chiens Saint-Bernard, comment ils retrouvaient des personnes perdues et réussissaient ainsi à sauver leur vie. Ces chiens étaient entraînés à découvrir les corps en grattant la neige, et à s'étendre dessus. Souvent la chaleur dégourdissait la personne, et un petit tonneau attaché au cou du chien, contenant de la liqueur, permettait à la victime de se réchauffer.

Un de ces magnifiques chiens venait de découvrir sa 69e victime. Il s'était étendu sur le corps de la personne, après avoir creusé la neige pour la découvrir. L'homme reprit peu à peu ses sens et, voyant l'animal sur lui, il crut que c'était un loup prêt à le dévorer. Il saisit alors son couteau qu'il avait à portée de main, et brusquement le plongea dans les flancs de l'animal. Sans pousser un cri, le chien s'en retourna vers la cabane de son maître, à la porte de laquelle il tomba d'épuisement. Quelques jours après, des montagnards découvrirent le cadavre de l'homme, et réalisèrent le drame. Cet homme mourut, parce que, dans sa tragique méprise, il avait tué son bienfaiteur.

Parlant de Jésus, l'apôtre Pierre dira à ses contemporains : *"Vous avez fait mourir le Prince de la vie, que Dieu a ressuscité des morts ; nous en sommes témoins... Je sais que vous avez agi par ignorance, ainsi que vos chefs... Repentez-vous donc et convertissez-vous, pour que vos péchés soient effacés"* (Actes 3/15-19). Toutefois, leur ignorance ne supprimait pas pour autant leur responsabilité puisqu'ils doivent se repentir. C'est volontairement, par amour pour nous pécheurs, que Jésus a donné sa vie et son sang afin de faire l'expiation de nos péchés, ce que nous ne pouvons réaliser nous-mêmes. *"Christ est mort pour nos péchés"*, nous dit la Bible (1 Corinthiens 15/3).

Ne commettez surtout pas cette tragique erreur qui consisterait pour vous à rejeter Jésus, votre bienfaiteur, alors qu'il n'a qu'un désir, vous faire du bien et sauver votre âme de la perdition éternelle.

J'aimerais souligner quelque chose de très important. En demandant à son Père de pardonner à ses ennemis, cela ne signifie absolument pas qu'ils furent immédiatement pardonnés de leur crime. La prière de Jésus : *"Père, pardonne-leur, car ils ne savent ce qu'ils font"*, vise le jour où, réalisant toute l'horreur de leur péché, ils supplieront Dieu de les pardonner. Alors, ce jour-là, Dieu leur accordera sa grâce et son merveilleux pardon.

"Dieu est prêt à pardonner, compatissant et miséricordieux, lent à la colère et riche en bonté" (Néhémie 9/17), à condition que nous reconnaissions nos fautes, que nous demandions pardon à Dieu avec un

cœur sincère, et que, bien sûr, nous les abandonnions. Dieu, qui est "prêt à pardonner" ne nous pardonnera pas sans cette démarche personnelle que la Bible appelle la repentance.

On peut avoir pitié de quelqu'un et en rester là. La compassion est bien différente. Elle va au-delà du simple sentiment. La véritable compassion nous pousse à l'action en faveur de celui qui en est l'objet. C'est ce que Jésus n'a cessé de faire durant son ministère en consolant des affligés, en guérissant des malades, en délivrant des captifs, en restaurant des vies brisées, en sauvant des âmes perdues. Et c'est ce qu'il continue de faire encore aujourd'hui.

Jésus le regarda avec amour

L'Évangile nous parle d'un jeune homme, qui vint vers Jésus, et lui posa cette question : *"Bon Maître ! Que dois-je faire pour hériter la vie éternelle ?"* (Marc 10/17-27).

Ce jeune homme a bien posé la question. Il n'a pas dit, comme malheureusement certains le pensent : "Que dois-je faire pour "mériter" la vie éternelle ? Mais il a dit : "pour hériter". C'est totalement différent.

Pour ce qui est du verbe mériter, il signifie : "être en droit d'obtenir." Jésus a dit : *"L'ouvrier mérite son salaire"* (Luc 10/7). Il a fourni un travail, il doit en être récompensé. La Bible condamne ceux qui exploitent leurs employés en les frustrant du salaire qu'ils méritent. (Jacques 5/1-5).

Concernant le verbe hériter, nous savons très bien qu'il a une tout autre signification. Quand une personne reçoit un héritage, elle reçoit le bénéfice du travail de quelqu'un d'autre, du travail de ses parents, par exemple, sans effort personnel particulier à accomplir.

L'enseignement du Christ et des apôtres est on ne peut plus clair à ce sujet ; on ne peut pas mériter la vie éternelle. On ne peut que la recevoir par la foi, comme un héritage du travail de Jésus, du *"travail de son âme"* cité dans Ésaïe 53, un chapitre qui nous parle prophétiquement des souffrances du Christ à la Croix pour le salut de nos âmes.

La Bible nous enseigne que nul ne saurait payer le prix pour le rachat de son âme, *"Il est trop considérable"* (David Martin). *"Il faut à tout jamais en abandonner l'idée"* (Psaume 49/7-8 – Semeur). Ni nos œuvres, ni nos souffrances, ni nos prières, et encore moins notre argent, ne sauraient suffire pour racheter notre âme. Cela est possible seulement et uniquement *"par le sang précieux de Christ"* (1 Pierre 1/19).

Ayant répondu à une question que Jésus a posée au jeune homme, l'Évangile nous dit : *"Jésus l'ayant regardé l'aima."* La Bible dit : *"Dieu est amour"* (1 Jean 4/16). Nous avons ici une sublime définition de Dieu quant à sa nature. Elle nous parle *"du grand amour dont il nous a aimés"* (Éphésiens 2/4). Elle nous dit que *"Dieu a prouvé son amour envers nous"* (Romains 5/8), que *"Dieu a tellement aimé le monde qu'il a donné son Fils unique, afin que quiconque croit en lui, ne périsse pas, mais qu'il ait la vie éternelle"* (Jean 3/16).

L'apôtre Jean, qui était particulièrement proche de Jésus, a écrit : *"L'amour de Dieu a été manifesté envers nous en ce que Dieu a envoyé son Fils unique dans le monde, afin que nous vivions par lui. Et cet amour consiste, non point en ce que nous avons aimé Dieu, mais en ce qu'il nous a aimés et a envoyé son Fils comme victime expiatoire pour nos péchés"* (1 Jean 4/9-10). Dans notre monde d'aujourd'hui, l'amour est souvent défiguré, dénaturé, galvaudé. Pour certains, parler d'amour, c'est seulement parler de sexe. Il est vrai que la sexualité, vécue uniquement dans le cadre du mariage, est un cadeau de Dieu pour la procréation, l'épanouissement et le bonheur du couple ; mais le véritable amour, va bien au-delà du domaine physique.

En français, le mot amour et le verbe aimer s'emploient pour exprimer différentes nuances de l'amour. Si je dis : J'aime bricoler, j'aime la montagne ou j'aime mes parents et mes enfants, il est question d'un amour différent. Quand je dis que j'aime mon épouse, c'est encore un amour d'une autre nature. Il y a l'amour conjugal, maternel, paternel, fraternel, etc.

Quand la Bible nous parle de l'amour de Dieu, elle nous conduit dans le domaine du divin, du parfait, de l'insondable, de ce qui est plus élevé que les cieux.

Quelqu'un a défini l'amour en ces termes : "Une valorisation extrême de l'être aimé et une subordination de toutes choses à son bien."

Voilà ce qu'est en vérité l'amour de Dieu pour nous. Cet amour-là, l'amour de Dieu, il est aussi pour vous, qui que vous soyez et quoi que vous ayez fait.

"L'amour de Dieu est un amour sublime. Il est plus haut que la plus haute cime, et que l'azur insondable des cieux. Oh ! Quel amour ! Il m'entoure, il m'inonde. C'est une mer calme, pure, profonde, qui se déroule au regard de ma foi. Oui, c'est pour moi que cet amour immense s'est révélé." (Ruben Saillens).

Était-ce parce que sa conscience lui faisait certains reproches, et qu'il voulait se convaincre que l'enfer n'existe pas, que Charles Baudelaire, contraint de retrancher plusieurs poèmes de son ouvrage "Les fleurs du mal", condamné à une amende pour outrage à la morale publique, a écrit : "Qui donc devant l'amour ose parler d'enfer ?"

"L'amour, c'est la valorisation extrême de l'être aimé et une subordination de toutes choses à son bien"
(E. de Greff – Psychologue)
Tel est l'amour de Dieu pour chacun de nous !

La réponse est simple : La Bible, Parole de Dieu, et Jésus lui-même. (Lire attentivement Luc 16/19-31).

L'amour de Dieu, ce n'est pas de la faiblesse, qui ferme les yeux sur le mal, sur le péché de l'homme qui est et qui sera toujours une abomination à ses yeux. L'amour de Dieu est pur, saint, et juste. Il ne tolèrera jamais le mal. Mais Dieu a prouvé son amour par le sacrifice de la Croix, où Jésus a donné volontairement sa vie et son sang, pour expier nos péchés et ainsi, nous obtenir le pardon de nos égarements.

L'amour de Dieu est :

> **Insondable : Éphésiens 3/19**
"L'amour de Christ surpasse toute connaissance."

> **Invariable : Jérémie 31/3**
"Je t'aime d'un amour éternel."

> **Universel : 1 Timothée 2/4**
> *"Dieu veut que tous les hommes soient sauvés."*

> **Immérité : 1 Jean 4/10**
> *"Ce n'est pas nous qui avons aimé Dieu,*
> *c'est lui qui nous a aimés le premier."*

> **En action : Jean 3/16**
> *"Dieu a tellement aimé le monde qu'il a donné son Fils."*

> **C'est un amour qui a fait ses preuves : Romains 5/8**
> *"Dieu nous a prouvé à quel point il nous aime :*
> *Le Christ est mort pour nous."*

Le plus court résumé du message de l'Évangile

"Dieu a tant aimé le monde qu'il a donné son Fils unique, afin que quiconque croit en lui ne périsse point, mais qu'il ait la vie éternelle." (Jean 3/16).

➤ En grec :

οὕτως γὰρ ἠγάπησεν ὁ θεὸς τὸν κόσμον, ὥστε τὸν υἱὸν τὸν μονογενῆ ἔδωκεν ἵνα πᾶς ὁ πιστεύων εἰς αὐτὸν μὴ ἀπόληται ἀλλ' ἔχῃ ζωὴν αἰώνιον

➤ En hébreu :

כִּי כֹּה אָהַב אֱלֹהִים אֶת הָעוֹלָם עַד כִּי נָתַן אֶת בְּנוֹ יְחִידוֹ לְמַעַן לֹא יֹאבַד כָּל הַמַּאֲמִין בּוֹ, אֶלָּא יִנְחַל חַיֵּי עוֹלָם

➤ En arabe :

هكذا أحب الله العالم ، انه اعطى ابنه الوحيد ، على أن كل من يؤمن به لا ينبغي أن يموت ، بل تكون له الحياة الأبدية.

➤ En russe :

Ибо так возлюбил Бог мир, что отдал Сына Своего Единородный Сын, дабы всякий верующий в Него, должны не погиб, но имел жизнь вечную.

➤ En chinois :

神爱世人，甚至将他给了他唯一的儿子，谁相信他应该不会灭亡，反得永生。

Jésus guérit les cœurs brisés

Jésus guérit non seulement les corps malades, mais aussi les cœurs brisés. Il guérit non seulement les souffrances physiques, mais aussi les souffrances morales que sont le découragement, la solitude, l'anxiété, l'angoisse, la dépression, les frustrations, les blessures émotionnelles, les sentiments de rejet ou d'abandon ; tout ce qui touche le plus profond de notre être intérieur, et engendre "le mal de vivre." Victor Hugo écrivait : "Le plus lourd fardeau, c'est d'exister sans vivre."

Introduisant un radio-magazine sur la dépression, le journaliste Robert Namias déclarait ceci : "La dépression touche toutes les classes sociales sans exception. C'est une douleur épouvantable. C'est beaucoup plus difficile de souffrir moralement que de souffrir physiquement. Il est rare qu'un cancéreux se suicide – et l'on dit que c'est une des maladies les plus terribles sur le plan des souffrances – mais il n'est pas rare qu'une personne déprimée se suicide, puisque la quasi totalité des suicides est en réalité le fait de gens qui sont déprimés."

Un homme de la Bible qui a vécu il y a 25 siècles, a connu cette terrible maladie. Elle avait d'autres noms, mais le résultat était le même. Cet homme s'appelait Jérémie. C'est par la grâce de Dieu qu'il s'en est sorti. Écoutons-le :

"Quand je pense à ma détresse et à ma misère, quand mon âme s'en souvient, je la sens défaillir, elle est abattue au-dedans de moi." Vous avez là un homme en pleine dépression. Mais voilà le remède à

sa dépression : *"Voici la pensée dont je veux nourrir mon cœur, et qui me rendra l'espérance : les bontés de l'Éternel ne sont pas épuisées, ses compassions ne sont pas à leur terme. Elles se renouvellent chaque matin... L'Éternel a de la bonté pour qui espère en lui"* (Lamentations de Jérémie 3/19-25).

Si vous souffrez de ce terrible mal, je vous encourage vivement à nourrir votre cœur et vos pensées des Saintes Écritures, des promesses de Dieu à ceux qui lui font confiance. La Bible dit : *"Remets ton sort entre les mains de l'Éternel, mets en lui ta confiance, et il agira"* (Psaume 37/5). Remarquez bien ce que dit Jérémie : *"Quand je pense à ma détresse... je sens mon âme défaillir... Voici la pensée dont je veux nourrir mon cœur... et qui me rendra l'espérance."*

Ne croyez-vous pas que la pensée est en relation directe avec la crainte, l'inquiétude, l'anxiété, l'angoisse et la déprime ? La Bible nous montre que nos pensées exercent une influence considérable sur notre manière d'être, de parler et d'agir. Il y a identification entre nos pensées et ce que nous sommes. La Bible nous dit de l'homme : *"Il est comme les pensées de son âme"* (Proverbes 23/7).

Dans son ouvrage intitulé "Se sentir bien", le docteur David Burns affirme que ses expériences "prouvent qu'on guérit mieux de la dépression en dirigeant les pensées du malade qu'en lui donnant une quantité de tranquillisants."

Les causes de la dépression sont multiples. Ce peut être un choc affectif suite au décès d'un être cher ou à un divorce par exemple, un excès de travail qui conduit au surmenage, le chômage, le licenciement, les problèmes financiers, etc.

Je n'oublierai jamais le cas d'Hélène... J'ai vu la grâce de Dieu agir en sa faveur et transformer sa vie. Professeur d'anglais, cette femme abandonnée par son mari avec trois enfants à charge, a sombré dans une profonde dépression. Elle a fait quatre tentatives de suicide, et à la quatrième, elle est restée trois jours dans le coma. Une grande tristesse se lisait sur son visage. Elle a accepté de nourrir son cœur et ses pensées de la Parole de Dieu. Elle a osé faire confiance à Dieu et le Seigneur l'a entièrement guérie. Elle a repris son travail jusqu'à sa retraite. Aujourd'hui encore, *"Jésus guérit les cœurs brisés."*

Le philosophe Émile Chartier commence son ouvrage "Propos sur le bonheur" par le fait suivant : "Un bébé hurle en se tortillant dans son berceau. Maman accourt, s'inquiète et apporte le biberon, mais en vain. Le bébé demeure inconsolable et crie de plus belle. Alors la maman se pose des questions sur les raisons de ces cris. Le lait trop chaud ? Une douleur quelque part ? Elle fait un certain nombre de suppositions, jusqu'à ce qu'elle découvre enfin la cause de ce petit drame. C'était une épingle mal placée qui piquait le nourrisson. Dès lors, le remède était simple et efficace, il suffisait d'ôter l'épingle !"

Toutes les dépressions n'ont pas forcément les mêmes causes. Mais je crois que dans certains cas, la dépression ne sera jamais surmontée en avalant une quantité d'antidépresseurs, elle durera aussi longtemps que "l'épingle" ne sera pas ôtée. En voici un exemple :

Marie... assiste pour la première fois à l'une de nos réunions d'évangélisation. Elle vient vers moi et me dit : "Vous êtes mon dernier espoir. Si vous ne m'en sortez pas, je me jette dans la Seine". Je lui réponds : "Moi, je ne peux pas vous en sortir, mais le Seigneur, lui, peut le faire."

Rendez-vous est pris et, avec mon épouse, nous sommes allés la visiter. Cette femme nous a ouvert son cœur et raconté son cas. Alors qu'elle avait reçu dans son enfance une éducation religieuse, elle vivait une situation qui pesait sur sa conscience et qui, selon ses dires, n'était pas étrangère à sa dépression. Mariée et mère de 4 enfants, elle avait un amant. Leur quatrième fille élevée, elle était décidée à quitter son mari.

Je lui ai dit : "Je vais être vrai avec vous. Si vous voulez que Dieu vous guérisse, vous devez commencer par rompre avec votre amant.

Ne comptez pas sur Dieu, si vous ne commencez pas par cette rupture. Demandez l'aide de Dieu, et il vous aidera."

Elle a accepté de faire cette démarche. Ce ne fut pas facile pour elle ; mais par la grâce de Dieu, elle a rompu avec son amant malgré l'insistance de ce dernier à vouloir continuer leur relation. Dans sa bonté, le Seigneur l'a guérie ; de plus, il a sauvé son âme et son foyer qui, après plus de 25 ans, demeure uni et dans la foi. Il lui fallait d'abord ôter "l'épingle."

Bien sûr, ce n'est pas forcément le cas de tous ceux qui dépriment. Gardons-nous bien de juger, encore moins de condamner. La Bible dit : *"Celui qui souffre a droit à la compassion"* (Job 6/14).

"Quand l'angoisse devient une maladie !" Tel fut le titre d'un article paru dans la presse française. Selon France-Info, 90 % des jeunes se disent inquiets pour leur avenir. L'angoisse du chômage vient en tête. Certains ont peur de perdre leur emploi, peur de l'abandon de leur conjoint, peur de la solitude, peur de l'échec, peur du lendemain, peur de la maladie, peur de la mort. Les causes de la peur et de l'angoisse sont multiples et tellement différentes. L'angoisse a été appelée "le phénomène le plus envahissant de notre temps."

Mais l'angoisse ne date pas d'hier. Le roi David est davantage connu pour son combat victorieux contre le géant Goliath que pour les épreuves qui ont jalonné sa vie, dont la mort tragique de deux de ses fils ; il a connu des périodes heureuses, mais aussi des périodes bien difficiles. Les unes comme les autres, il les a exprimées avec sa plume dans ses écrits qui sont d'une extrême richesse pour notre âme. Il a écrit dans les Psaumes :

"J'ai le visage, l'âme et le corps usés par le chagrin, ma vie se consume dans la douleur, et mes années dans les soupirs. Ma force est épuisée à cause de mon iniquité, et mes os dépérissent... Je suis oublié des cœurs comme un mort. Je suis comme un vase brisé."

Mais David, c'est l'homme qui s'accroche. Il ne baisse pas les bras, au contraire, il lève les yeux vers le ciel, et fait monter vers Dieu cette prière : *"Seigneur, tu sais les angoisses de mon âme. Aie pitié de moi, car je suis dans la détresse. Sauve-moi par ta grâce."*

C'est la prière d'un homme qui, dans la tourmente, refuse de sombrer dans le désespoir. Malgré l'épreuve, il continue d'espérer en Dieu : *"Je mets en toi mon espérance. Je tourne constamment les yeux vers l'Éternel, car il fera sortir mes pieds du filet."* C'est le langage de la foi ! Il croit en la bonté, en l'amour et en la puissance de Dieu pour le secourir. Comme il a eu raison ! Et il n'a pas été déçu. Écoutez-le :

"Éternel, mon Dieu, j'ai crié à toi et tu m'as guéri... Seigneur, mon Dieu, je t'ai appelé à l'aide... et tu m'as fait revivre. Seigneur, ta bonté atteint jusqu'aux cieux."

"La bonté du Seigneur a les dimensions du ciel"
(Psaume 36/6 – Français courant)

L'amour de Dieu est plus vaste que les océans, plus profond que les mers et plus haut que l'azur des cieux. Croyez-le, et attendez-vous à sa grâce. Jésus est toujours et encore celui qui fait du bien et qui guérit les cœurs brisés, quelle qu'en soit la cause.

Dans son ouvrage intitulé "Le livre de la vie", Martin Gray parle de "la solitude au milieu des autres." Il est vrai que l'on peut souffrir de la solitude en demeurant dans une tour de quinze étages. On peut être désespérément seul dans un bus bondé, ressentir une profonde solitude au milieu d'une foule qui vous bouscule. "C'est dans les villes les plus peuplées que l'on peut trouver la plus grande solitude" (Jean Racine). Elle est étonnante cette réflexion, et pourtant, n'est-ce pas le cas d'un grand nombre !

Le résultat d'une étude réalisée par la Fondation de France est alarmant : "Exclus des réseaux sociaux, professionnels, amicaux ou associatifs, un Français sur dix est frappé par la solitude, soit plus de six millions. 56 % avouent que cette solitude est apparue de manière soudaine à la suite d'un événement particulier." Rappelez-vous la canicule de 2003, qui a mis en évidence l'isolement des personnes âgées par un nombre très élevé de décès au sein de cette population.

Nous connaissons bien ce proverbe français : "Chacun pour soi et Dieu pour tous !" C'est-à-dire : laissons à Dieu le soin de s'occuper des autres. Malheureusement, aujourd'hui, plus que jamais, c'est souvent du "Chacun pour soi dans ce désert d'égoïsme qu'on appelle la vie." (Stendhal).

Ce sentiment de solitude est souvent vécu comme un manque, un vide, une souffrance. Ce manque, ce vide, viennent aussi de ce qu'à l'origine, lorsque Dieu a créé l'homme, il l'a créé pour vivre en relation avec lui. Or, comme la Bible nous l'enseigne, cette relation avec Dieu a été brisée par le péché. Ainsi, l'homme est séparé de Dieu.

Le philosophe britannique Lord Bacon a dit : "L'homme entièrement seul est celui qui n'a pas d'ami." L'Évangile nous enseigne que Jésus-Christ est venu pour renverser ce mur de séparation entre Dieu et nous. Il a expié nos péchés par sa mort et son sang versé sur la Croix, afin de recréer cette relation entre l'homme et son créateur. Il a dit à ses disciples : *"Vous qui êtes mes amis..."* (Luc 12/4). Jésus a manifesté à leur égard une réelle affection.

Cette profonde amitié, cette relation de cœur à cœur, Jésus vous la propose à vous aussi. Et croyez-moi, il comblera votre solitude par sa présence bienfaisante dans votre vie.

Voici un extrait d'un cantique bien connu du monde chrétien :
"Quel ami fidèle et tendre nous avons en Jésus-Christ,
Toujours prêt à nous entendre, à répondre à notre cri,
Toujours prêt à nous comprendre quand nous sommes en souci,
Toujours prêt à nous apprendre à vaincre en comptant sur lui !
Il connaît nos défaillances, nos luttes de chaque jour.
Sévère en ses exigences, il est riche en son amour."

Il y a aussi cette souffrance engendrée par les blessures émotionnelles et les conflits intérieurs, qui nous touchent au plus profond de notre être intérieur, et qui nous font tellement mal.

Des années en arrière, j'ai scié une tranche d'un tronc d'arbre abattu par la tempête, d'une épaisseur de cinq centimètres, pour en faire une petite table basse de salon. Bien surfacé, vous voyez sur ce plateau des anneaux qui retracent l'histoire de l'arbre. En comptant ces anneaux, vous découvrez l'âge de l'arbre. Ils sont plus ou moins rapprochés, selon que l'année a connu la sécheresse ou des pluies abondantes. Les spécialistes des sciences naturelles sont capables de vous dire si l'arbre a été touché par la foudre et à quel âge. Tout cela est imprimé au cœur de l'arbre, constituant en quelque sorte l'autobiographie de sa croissance.

Il en va de même pour nous. Au-delà de l'écorce de notre apparence extérieure se trouvent, à l'intérieur de notre être, les "anneaux" conservant l'enregistrement de notre vie. On peut y trouver aussi les cicatrices laissées par d'anciennes et douloureuses blessures qui nous minent, et parfois provoquent toutes sortes de difficultés relationnelles.

Prenons un exemple : quelqu'un vous a profondément blessé par une parole, une attitude, un geste. À partir de là, vous êtes entré en conflit avec cette personne. Néanmoins vous ne lui avez rien dit ; mais intérieurement, vous avez cultivé des sentiments de rancune, et peut-être même de vengeance. En fait, vous êtes en train de vous faire du mal et d'aggraver votre blessure intérieure ; car vous ajoutez à votre blessure intérieure un péché : le ressentiment, le refus de pardonner. C'est une transgression de la Loi de Dieu. Cette attitude devient un obstacle à la guérison de votre blessure émotionnelle.

Votre cœur a-t-il été brisé de cette manière ? Alors, ne vous enfermez pas dans la prison de la culpabilité et de la rancune, puisque Jésus est prêt à vous pardonner et à guérir votre blessure. La trame du message de l'Évangile, c'est l'amour de Dieu. Oui ! Jésus guérit encore aujourd'hui les cœurs brisés.

Quand Jésus pardonne !

Voici ce que dit l'Évangile selon Marc au chapitre 2/3 à 12 : *"Des gens vinrent à Jésus, amenant un paralytique porté par quatre hommes. Comme ils ne pouvaient l'aborder à cause de la foule, ils montèrent sur le toit en terrasse* (par un escalier extérieur), *découvrirent une partie du toit de la maison où se trouvait Jésus, et ils descendirent par cette ouverture le grabat sur lequel le paralytique était couché.*

Jésus, voyant leur foi, dit au paralytique : Mon enfant, tes péchés sont pardonnés ! Il y avait là quelques scribes (appelés aussi "docteurs de la loi"), *qui étaient assis et qui se disaient au-dedans d'eux : Comment cet homme parle-t-il ainsi ? Il blasphème. Qui peut pardonner les péchés si ce n'est Dieu seul ?*

Jésus ayant aussitôt connu par son esprit ce qu'ils pensaient au-dedans d'eux, leur dit : Lequel est le plus facile, de dire au paralytique : Tes péchés sont pardonnés ou de dire : Lève-toi, prends ton grabat et marche ? Or, afin que vous sachiez que le Fils de l'homme a, sur la terre, le pouvoir de pardonner les péchés : Je te l'ordonne, dit-il au paralytique, lève-toi, prends ton grabat et va dans ta maison. À l'instant, il se leva, prit son grabat, et sortit en présence de tout le monde, de sorte qu'ils étaient tous dans l'étonnement et glorifiaient Dieu disant : Nous n'avons jamais rien vu de pareil."

"Tes péchés !" Quelqu'un d'honnête peut-il dire en toute vérité : Je n'ai jamais péché. Je suis innocent comme l'enfant qui vient de

naître. Le Bon Dieu n'a rien à me reprocher ! Il faudrait être de mauvaise foi pour oser dire cela.

Ne nous laissons pas tromper par cette chanson populaire de Michel Polnareff reprise par de nombreux artistes francophones : "Nous irons tous au paradis." C'est un mensonge.

Certes, c'est là le plus cher désir de Dieu : *"Dieu veut que tous les hommes soient sauvés"* (1 Timothée 2/4) ; mais ne seront réellement sauvés que ceux qui se seront reconnus pécheurs et coupables devant Dieu et qui, plaçant leur foi dans la personne et l'œuvre de Jésus, demanderont la grâce de Dieu pour leur salut.

J'ai souvent entendu cette réflexion, comme pour se justifier d'une bonne conduite : "Je n'ai ni tué ni volé !" C'est un argument qui ne tiendra pas quand nous devrons rendre compte à Dieu de la manière dont nous aurons vécu la vie qu'il nous a prêtée.

La Bible dit : *"Si nous prétendons n'être coupables d'aucun péché, nous vivons dans l'illusion, et la vérité n'habite pas en nous"* (1 Jean 1/8).

La Bible dit également : *"L'Éternel regarde du haut des cieux, il voit tous les fils de l'homme ; du lieu de sa demeure, il observe tous les habitants de la terre, il est attentif à toutes leurs actions"* (Psaume 33/13-14).

"Nulle créature n'échappe au regard de Dieu, tout est à nu et à découvert aux yeux de celui à qui nous devons rendre compte" (Hébreux 4/13).

"Tout être humain est destiné à mourir une seule fois, puis à être jugé par Dieu" (Hébreux 9/27).

Alors que votre épouse a fait le ménage, passé l'aspirateur partout et le chiffon sur tous les meubles, il suffit qu'un rayon de soleil entre dans la pièce pour apercevoir une multitude de grains de poussière en suspension dans la maison.

Même le meilleur d'entre nous, au regard de la sainteté absolue de Dieu, est un pécheur. *"Nous sommes tous comme des impurs, et toute notre justice est comme un vêtement souillé"* (Ésaïe 64/5). Notre salut n'est pas de nous voiler la face, mais de demander la grâce de Dieu.

Mais qu'est-ce que le péché ? La religion a classé les péchés par catégories ; ainsi, on parle de péchés véniels, de péchés de jeunesse, et même de péchés mignons, des sept péchés capitaux et des péchés mortels. Or, la Bible est très claire à cet égard, elle nous enseigne que le péché, quel qu'il soit, c'est *"la transgression de la loi"* (1 Jean 3/4). Certains parlent parfois d'un petit mensonge. Peut-on parler d'un petit adultère ou d'un petit meurtre ? Le péché, c'est le péché !

Transgresser, c'est passer outre, enfreindre, ne pas respecter, refuser de se soumettre. Reconnaissons-le, nous soumettre, ce n'est pas tellement notre fort ! Etre commandé, on n'aime pas beaucoup. Obéir ne nous est pas particulièrement naturel ; cela se démontre dès l'enfance. Le péché, c'est déjà de vouloir s'affranchir de l'autorité divine pour vivre notre vie comme bon nous semble, sans nous soucier aucunement des directives de Dieu exprimées dans sa Parole, et dont le seul but est de nous rendre heureux.

Soulignons quelque chose de très important : les commandements de Dieu ne sont pas une atteinte à notre liberté, mais ils sont l'expression de son amour pour nous. Quand Dieu dit, par exemple, dans le septième des dix commandements (Exode 20/14) : *"Tu ne commettras point d'adultère"*, c'est pour nous protéger, protéger le couple, protéger les enfants, protéger la famille des souffrances et des conséquences tragiques que le péché engendre toujours, non seulement dans le temps présent, mais aussi pour l'éternité.

C'est un peu comme la maman ou le papa qui dit à son petit : Ne mets pas ta main sur la vitre du four, sinon tu vas te brûler. C'est leur enfant. C'est parce qu'ils l'aiment qu'ils lui parlent ainsi, afin de le protéger des souffrances occasionnées par d'éventuelles brûlures.

Quand nous prenons la route avec notre voiture, nous avons tout intérêt à respecter le code de la route, non pas seulement par crainte du gendarme et des radars, mais aussi pour notre propre sécurité. Imaginez qu'un jour je décide de doubler dans le haut d'une côte en dépassant la ligne blanche, sous prétexte de liberté. Quelqu'un arrive en face et c'est le choc frontal. Si je me retrouve à l'hôpital, voire à la morgue, ce ne sera pas de la faute de ceux qui ont établi le code de la route, mais bien de la mienne pour ne pas l'avoir respecté.

La Bible, c'est le code d'une vie heureuse pour notre route ici-bas. Notre sécurité, notre bonheur, notre paix, c'est de respecter son enseignement.

Dieu nous dit par le prophète Ésaïe : *"Moi, l'Éternel, je t'instruis pour ton bien... Oh ! Si tu étais attentif à mes commandements, ton bien-être serait comme un fleuve et ton bonheur comme les flots de la mer"* (48/18).

Imaginez que je prenne la route depuis Le Havre jusqu'à Marseille. En bon conducteur que je m'efforce d'être, je vais parcourir les 970 km en veillant à bien respecter le code de la route. Mais voilà, à l'entrée de Marseille, il y a des travaux, donc une déviation. Je suis un peu perdu, et par inattention je grille un stop. Un policier qui est là va m'arrêter.

Pour défendre ma cause, je vais dire au policier : "Monsieur, je viens de parcourir près de 1 000 km en respectant scrupuleusement le code de la route, vous n'avez pas le droit de me verbaliser." Vous croyez que cela va marcher ? Bien sûr que non. Je serai verbalisé pour avoir transgressé le code de la route.

La Bible dit : *"Quiconque observe toute la loi, mais pèche contre un seul commandement, devient coupable de tous"* (Jacques 2/10). Il a transgressé la Loi de Dieu. Être coupable signifie, par définition, avoir commis une faute. Il n'est pas nécessaire d'en faire beaucoup.

Nous savons que les applications de l'informatique sont quasi illimitées. Pourtant, il y a un ennemi que redoutent les utilisateurs de l'informatique, c'est un virus. Ce surnom "virus" n'a pas été choisi au hasard. Il vient d'un mot latin qui signifie "poison." C'est un micro-organisme infectieux, invisible au microscope optique, et susceptible de transmettre des maladies que l'on appelle "virales" comme, par exemple, la grippe, la variole, l'herpès, la méningite, la poliomyélite, etc.

Le virus informatique est un petit programme-parasite, qui possède les mêmes caractéristiques que son homonyme biologique. Il se glisse partout, contamine les ordinateurs connectés les uns aux autres, et il arrive même à traverser les continents.

Bien sûr, une parade a été trouvée : ce sont des programmes informatiques appelés "anti-virus." Chargés dans l'ordinateur, ils détectent les parasites, les neutralisent et les évacuent. Mais, si malheureusement l'anti-virus est absent ou défectueux, l'ordinateur est alors infecté, paralysé. Il devient inopérant. Il n'est plus d'aucune utilité.

Cette histoire de virus informatique est, me semble-t-il, une véritable parabole des temps modernes. En créant Adam et Ève, nos premiers parents, Dieu avait pour eux, et pour tous les humains, *"un dessein bienveillant"* (Éphésiens 1/9), *"des projets de paix et non de malheur"* (Jérémie 29/11). Placés dans le Jardin d'Éden (Éden signifie délices), Adam et Ève étaient appelés à partager avec Dieu une étroite relation, et à régner sur toute la création.

Malheureusement, un virus s'est introduit dans le cœur de l'homme. C'est ce poison que la Bible appelle le péché. Tel un ordinateur contaminé, infecté par un virus informatique, et rendu inutilisable, l'homme est devenu incapable de remplir sa noble vocation. Son être n'est plus programmé, orienté vers ce qui est bien, droit, vrai, pur et noble, mais plutôt dirigé vers le mal. *"Il n'y a sur terre aucun homme juste qui fasse toujours le bien sans jamais pécher"* (Ecclésiaste 7/20 – Semeur).

"Pas d'avenir sans pardon !" C'était le titre d'un éditorial du journal Ouest-France et c'est ce que disait, avec juste raison, l'archevêque anglican Sud-Africain, Prix Nobel de la paix en 1984, Desmond Mpilo Tutu.

Non, il n'y pas d'avenir sans pardon pour nous pécheurs, parce que la perfection de la nature morale de Dieu exige que le péché soit sanctionné. Car il est une offense, un outrage fait à la sainteté et à la justice parfaites de Dieu qui nous a créés pour vivre dans l'amour, dans la paix, dans la droiture, dans la justice, dans la fidélité, dans la vérité, en harmonie avec sa parfaite et sainte loi. La Bible déclare : *"Celui qui cache ses fautes ne peut pas réussir, mais celui qui les avoue et les abandonne obtient miséricorde"* (Proverbes 28/13).

Nier l'existence du péché ou minimiser son action, ne saurait supprimer sa condamnation. Selon la loi divine, "le salaire du péché, c'est la mort" (Romains 6/23), non seulement la mort physique *"qui s'étend à tous les hommes, parce que tous ont péché"* (Romains 5/12), mais aussi *"la seconde mort"* (Apocalypse 21/8), c'est-à-dire la séparation éternelle d'avec Dieu, qui a pour conséquence une éternité de tourments, comme l'a enseigné Jésus lui-même : (Évangile selon Luc 16/9 à 31).

La Bible dit : *"Si tu tenais compte de nos fautes, Seigneur, qui pourrait subsister devant toi ? Mais chez toi, c'est le pardon qui l'emporte, afin qu'on te révère"* (Psaume 130/4 Version Rabbinique).

"Toi, tu es un Dieu prêt à pardonner, compatissant et miséricordieux, lent à la colère et riche en bonté" (Néhémie 9/17).

Certes, Dieu déteste et condamne le péché, qui est notre ennemi numéro un. Selon Proverbes 8/36 : *"Celui qui pèche se blesse lui-même, se fait du tort à lui-même, nuit à son âme."* Mais nous, pécheurs, il nous aime, et son plus profond désir, c'est de nous pardonner afin que nous échappions à la condamnation éternelle. Oui, Dieu est prêt à nous pardonner, non pas qu'il considère le péché comme sans importance ; loin de là, sinon Jésus n'aurait pas été sacrifié sur la croix pour expier nos péchés. Mais c'est justement à cause du sacrifice de Jésus, qui a satisfait la sainteté et la justice divines en subissant, à notre place, le châtiment que nous méritons, que Dieu peut nous pardonner. *"Car Christ est mort pour nos péchés"* (1 Corinthiens 15/3).

Mais, car il y a un mais, Dieu est prêt, tout disposé à nous pardonner. Toutefois, il ne peut le faire sans une démarche de notre part.

Dans une course, on ne doit pas partir avant le signal au risque d'être disqualifié. De même, Dieu, qui est prêt à nous pardonner, attend de notre part le signal que la Bible appelle la repentance, qui consiste à reconnaître honnêtement nos fautes, à les avouer à Dieu et à les abandonner en comptant sur sa grâce pour lui rester fidèles.

Jésus a dit : *"Si vous ne pardonnez pas aux hommes, votre Père qui est dans les cieux ne vous pardonnera pas non plus vos offenses"* (Marc 11/26). Il faut le savoir, l'amertume, la rancune, le ressentiment, le refus de pardonner sont autant d'obstacles au pardon divin, et sans le pardon de Dieu, pas de paradis !

Quelqu'un a dit : "S'il y a une chose impardonnable, c'est de ne pas pardonner."

La journaliste Christine Ockrent a écrit : "Dieu pardonne beaucoup, sauf à ceux qui ne savent pas pardonner."

Pardonner à quiconque nous offense n'est pas une attitude de faiblesse, mais bien au contraire un acte courageux témoignant d'un caractère viril qui ne se laisse pas dominer par des sentiments coupables. C'est la plus belle de toutes les "vengeances.

"Laissons la haine à ceux qui sont trop faibles pour aimer" Martin LUTHER KING

La repentance c'est, selon le sens étymologique du terme, un changement de mentalité, tant vis-à-vis de Dieu que vis-à-vis du péché. La repentance fut le thème de la première prédication de Jésus : *"Jésus commença à prêcher et à dire : Repentez-vous"* (Matthieu 4/17). La repentance est une exigence divine, pour obtenir le pardon de nos péchés et entrer au paradis : Jésus a dit : *"Si vous ne vous repentez, vous périrez"* (Luc 13/5). Dans son enseignement, Jésus employait souvent des images, des paraboles, des comparaisons tirées de la vie courante, pour illustrer des vérités morales et spirituelles. Son but n'était pas de rechercher des effets oratoires pour impressionner ses auditeurs, mais d'atteindre leur conscience et leur cœur par son message toujours empreint de simplicité, d'amour et de vérité.

Une de ses paraboles illustre bien ce que signifie la repentance :

"Un homme avait deux fils. Le plus jeune dit à son père : Mon père, donne-moi la part de l'héritage qui doit me revenir. Le père leur partagea alors ses biens. Peu de jours après, le plus jeune fils ramassa tout et partit pour un pays éloigné, où il gaspilla sa fortune en vivant dans la débauche. Alors qu'il avait tout dépensé, une importante famine survint dans ce pays, et il commença à se trouver dans le besoin. Il alla se mettre au service d'un des habitants du pays, qui l'envoya dans ses champs garder des porcs. Il aurait bien voulu se nourrir des caroubes que mangeaient les porcs, mais personne ne lui en donnait.

Il se mit à réfléchir et se dit : Combien d'ouvriers chez mon père ont du pain en abondance, et moi, ici, je meurs de faim ! Je vais retourner vers mon père, et je lui dirai : Père, j'ai péché contre le ciel et contre

toi, je ne suis plus digne d'être appelé ton fils, traite-moi comme l'un de tes ouvriers. Il se leva, et alla vers son père.

Alors qu'il était encore loin, son père le vit et fut rempli de compassion, il courut se jeter à son cou et l'embrassa. Le fils lui dit : Père, j'ai péché contre le ciel et contre toi, je ne suis plus digne d'être appelé ton fils. Mais le Père dit à ses serviteurs : Apportez vite le plus beau vêtement, et mettez-le-lui ; passez-lui un anneau au doigt, et mettez-lui des sandales aux pieds. Amenez le veau qu'on a engraissé, et tuez-le. Mangeons et réjouissons-nous, car mon fils que voici était mort et il est revenu à la vie, il était perdu et il est retrouvé. Et ils commencèrent à faire la fête" (Luc 15/11-24).

Ce jeune homme, repris dans sa conscience, n'a pas cherché d'excuse, ni à accuser qui que ce soit. Non, il a tout simplement été honnête avec lui-même, avec sa conscience. Il a reconnu avoir brisé le cœur de son père, et s'être déshonoré en vivant dans la débauche. Et quand il est revenu vers son père, il lui dit : *"J'ai péché contre le ciel et contre toi."* Il plaide coupable.

La Bible dit : *"La conscience est une lampe que le Seigneur donne aux humains pour éclairer le fond de leur cœur"* (Proverbes 20/27 – Parole de Vie).

Notre conscience peut être comparée à un voyant sur le tableau de bord de notre voiture. Quand un voyant rouge s'allume, c'est qu'il y a un problème. Il faut y remédier au plus vite. Ne pas en tenir compte peut mettre notre vie en danger.

Imaginez qu'un voyant rouge s'allume me signalant qu'il n'y a plus assez de liquide de freins et que je n'en tienne pas compte ; c'est certain, je vais au-devant d'un accident qui peut même être mortel.

Quand notre conscience "s'allume", quand elle nous reproche une action mauvaise, une conduite injuste, et qu'elle nous convainc de péché, alors surtout, ne la faisons pas taire en cherchant à l'étouffer, ce serait pour notre malheur. Par elle, c'est Dieu, dans son amour, qui nous parle pour nous ramener dans la bonne voie. Comme le fils de la parabole, plaidons coupable, et demandons pardon à Dieu, car alors seulement, Jésus pourra intervenir en notre faveur et devenir notre avocat.

Jésus est notre avocat

Écrivant aux chrétiens de son temps une lettre qui garde toute son actualité, l'apôtre Jean leur dit : *"Si quelqu'un a péché..."* (1 Jean 2/1-2). Parce que, même si les chrétiens authentiques ont à cœur de plaire à Dieu dans toute leur conduite, ils savent très bien qu'ils ne sont pas infaillibles pour autant. L'apôtre ajoute : *"Nous avons un avocat auprès du Père, Jésus-Christ le Juste. Il est lui-même une victime expiatoire pour nos péchés, et non seulement pour les nôtres, mais aussi pour ceux du monde entier."*

Dieu merci ! Je n'ai jamais eu besoin d'un avocat pour défendre ma cause devant la justice des hommes. Mais, devant la justice de Dieu, vous et moi, nous avons vraiment besoin de Jésus qui se propose d'être notre avocat.

Tous les jours, les médias nous informent de mises en examen de gens peu scrupuleux ou de jugements rendus par la justice française. Certains, quoique condamnés, continuent toujours de clamer leur innocence, niant les faits qui leur sont reprochés. Nous savons que, de tout temps, il y a eu des erreurs judiciaires.

Nous avons tous entendu parler de "L'affaire Dreyfus", une des plus célèbres erreurs judiciaires françaises. Ce capitaine de l'armée française, Juif d'origine alsacienne, fut accusé d'avoir livré aux allemands des documents secrets. "Un prodige d'iniquité, une machination de militaires antisémites" selon Émile Zola, dans son fameux "J'accuse..." Il fut condamné, pour crime de trahison, au bagne à perpétuité. Ce n'est que douze ans plus tard qu'il fut officiellement reconnu innocent, puis réhabilité et réintégré dans l'armée au grade de commandant.

Voici un fait rapporté récemment dans la presse : Un père de famille a été condamné à dix-sept ans de prison ferme pour avoir violé sa fille. Lui, il continue d'affirmer son innocence ; elle, au tribunal, a dit de son père : "Il a bousillé ma vie." C'est parole contre parole. Qui dit la vérité ? Qui est vraiment la victime, et qui est le véritable coupable dans cette affaire ? Dieu seul le sait.

La Bible nous enseigne que, lorsque nous entrerons dans l'éternité, *"Dieu nous appellera en jugement"* (Ecclésiaste 12/1). *"Il jugera le monde avec justice"* (Psaume 98/9). Aucune erreur judiciaire ne sera possible, car Dieu nous connaît parfaitement ; il connaît tout de notre vie, de A jusqu'à Z. Nous l'avons déjà dit : rien n'échappe à son regard.

Ce jour-là, *"Dieu lèvera le voile sur la vie secrète des hommes et la jugera : leurs pensées intimes, leurs mobiles inavoués, tout ce qu'on a pris tant de soin à cacher sera alors démasqué"* (Romains 2/16 – Parole vivante).

Ce n'est pas quand nous serons dans l'au-delà qu'il faudra penser à nous réconcilier avec Dieu, ce sera trop tard ; mais c'est aujourd'hui. C'est pendant que nous sommes *"sur la terre"* et non dans la terre, c'est-à-dire morts, que Jésus a le pouvoir de pardonner nos péchés. (Marc 2/10).

Donc, si j'accepte de me reconnaître coupable devant Dieu, sans pour autant avoir fait les quatre cents coups, mais pécheur quand même, et que je demande pardon à Dieu en décidant de changer de vie, alors Jésus va défendre ma cause devant le Père ; et pour ce faire, il n'y a pas meilleur avocat que lui. Comment va-t-il s'y prendre ?

En me trouvant des circonstances atténuantes ? En minimisant ma responsabilité ? En cherchant des arguments pour tenter de prouver que j'ai été victime d'un environnement défavorable ou de pressions de la part de la société, et que sais-je encore ? Non, car ma responsabilité est entière.

La Bible dit : *"Nous avons un avocat auprès du Père, Jésus-Christ le Juste..."* Dans ma défense auprès de Dieu, Jésus agit et agira selon la justice, la justice divine qui est parfaite. Alors comment Jésus va-t-il défendre ma cause ?

En faisant valoir auprès de Dieu la perfection de son sacrifice sur la croix et l'efficacité de son sang répandu pour l'expiation de mes péchés. La suite du verset nous dit : *"Il est lui-même une victime expiatoire pour nos péchés, non seulement pour les nôtres, mais aussi pour ceux du monde entier."*

Cela signifie que Jésus, par son sacrifice, a pleinement satisfait la justice divine. Ainsi, Dieu qui est juste ne punira pas deux fois le péché, et ceux qui placent leur foi en Jésus et en la perfection de son sacrifice bénéficient de cette parole de l'Écriture : *"Il n'y a donc plus de condamnation pour ceux qui sont en Jésus-Christ"* (Romains 8/1).

La grâce du Seigneur Jésus

"C'*est par la grâce du Seigneur Jésus que nous croyons être sauvés"* (Actes 15/11).

"La loi a été donnée par Moïse, la grâce et la vérité sont venues par Jésus-Christ"
Jean 1/19

Dans ce verset, l'Écriture cite d'abord la Loi, et ensuite la grâce. Selon le philosophe grec Platon, "Les hommes doivent nécessairement établir des lois et vivre selon des lois, sous peine de ne différer en aucun point des bêtes les plus sauvages. Le rôle de la loi est d'établir en permanence et objectivement ce qui est bien pour l'homme."

Napoléon, qui est connu pour ses conquêtes militaires, l'est beaucoup moins quant à son œuvre de législateur. C'est à lui, en effet, que re- vient le mérite d'avoir créé le premier Code moderne, qui servit de modèle à de nombreux pays. Dans son édition originale du 21 mars 1804, le Code Civil des Français, par une loi du 3 septembre 1807, prit le nom de "Code Napoléon". Il fut suivi en 1808 du Code du Commerce, en 1810 du Code Pénal, en 1950 du Code général des Impôts, et celui que l'on connaît certainement le mieux, le Code de la Route qui vit le jour par décret du 10 juillet 1954, et que tout automobiliste se doit de bien connaître. Selon cet adage bien connu : "Nul n'est censé ignorer la loi", mais il est évident que ce sera de plus en plus difficile. Dans un ouvrage intitulé "Trop de lois tue la loi", le journaliste Philippe Sassier et l'universitaire Dominique Lansoy ont constaté une inflation législative en France. Ils ont relevé près de 10 500 lois et 127 000 décrets. En 20 ans, le Journal Officiel est ainsi passé de 7 000 à 17 000 pages. Certes, la France est un État de droit : le tout, c'est de s'y retrouver devant cette montagne de textes législatifs. Toutefois, retenons bien cette parole de Montesquieu : "La liberté est le droit de faire tout ce que les lois permettent."

La Bible dit : *"Ce n'est pas pour une bonne action, c'est pour une mauvaise, que les magistrats sont à redouter. Veux-tu ne pas craindre l'autorité ? Fais le bien, et tu auras son approbation"* (Romains 13/3).

Si les hommes ont établi leurs lois, Dieu a aussi établi la sienne. La Bible dit : *"Dieu a établi un code..., institué une loi..."* (Psaume 78/5 – Version Rabbinique), "une loi", littéralement : l'instruction par excellence. *"La loi de l'Éternel est parfaite"* (Psaume 19/8) ; ce qui n'est pas le cas des lois humaines.

Si les lois françaises se comptent par milliers, et comme le disait Napoléon lui-même : "Il y a tant de lois qu'il n'y a personne exempt d'être pendu", avec Dieu, les choses sont beaucoup plus simples.

À la question d'un Docteur de la Loi : *"Maître, quel est le plus grand commandement de la Loi ? Jésus répondit : Tu aimeras le Seigneur ton Dieu de tout ton cœur, de toute ton âme, et de toute ta pensée. C'est le premier et plus grand commandement. Et voici le second qui lui est semblable : Tu aimeras ton prochain comme toi-même. De ces deux commandements dépendent toute la loi et les prophètes"* (Matthieu 22/34-40). Ces deux commandements : aimer Dieu et aimer son prochain englobent et résument en fait tous les commandements divins.

"Si vous accomplissez la loi royale, selon l'Écriture : Tu aimeras ton prochain comme toi-même (ce qui exclut totalement l'égoïsme, l'individualisme) *vous faites bien. Mais si vous faites du favoritisme, vous commettez un péché, vous êtes condamnés par la loi comme des transgresseurs. Car quiconque observe toute la loi, mais pèche contre un seul commandement, devient coupable de tous"* (Jacques 2/8-10).

Certes, les péchés n'engendrent pas tous des conséquences d'une égale gravité et ne sont pas tous ignobles et répugnants, mais la loi divine formant un tout, c'est son unité qui a été transgressée.

Cinq fois nous trouvons dans l'Écriture cette expression : *"La loi et les prophètes"* (Matthieu 7/12 ; 22/40 ; Luc 16/16 ; Actes 24/14 ; Romains 3/21). Dans le Larousse, au mot loi on trouve : "C'est la loi et les prophètes : C'est une autorité incontestée."

L'apôtre Paul pose aux chrétiens de la Galatie la question suivante : *"Pourquoi donc la loi ? Quel est son rôle ?"* Voici la réponse qu'il nous donne : *"Pour mettre en évidence les transgressions de l'ordre divin et rendre les hommes conscients de leurs péchés"* (Galates 3/19 Parole Vivante).

Personne, absolument personne, ne peut honnêtement se dire innocent devant Dieu. *"Tous les hommes auront des comptes à rendre à la justice divine, le monde entier sera convaincu de culpabilité devant Dieu"* (Romains 3/19 – Parole Vivante).

Notre sort éternel est-il donc sans espoir ? Absolument pas ! D'une part, parce que nous avons en Jésus un avocat auprès du Père – du moins pour ceux qui se tournent vers lui avec foi – et d'autre part, parce que Dieu prend plaisir à faire grâce et miséricorde à ceux qui le lui demandent.

"Quel Dieu est semblable à toi, qui pardonnes l'iniquité, qui oublies les péchés... ? Il ne garde pas sa colère à toujours, car il prend plaisir à la miséricorde ?" (Michée 7/18). *"L'Éternel désire vous faire grâce, et il se lèvera pour vous faire miséricorde"* (Ésaïe 30/18).

40 fois la Bible déclare que *"Sa miséricorde dure à toujours"*, dont 26 fois dans le Psaume 136. Le mot "checed", dans le texte original hébreu, recouvre plusieurs notions. Il est traduit, selon les versions, par "amour – bienveillance – bonté – compassion – faveur – grâce – miséricorde." Voilà quels sont les sentiments de Dieu à l'égard de ceux qui se reconnaissent pécheurs et lui demandent pardon en lui avouant leurs fautes.

Après la loi, l'Écriture cite la grâce. Mais qu'est-ce que la grâce ? C'est une faveur imméritée ; c'est un acte de bienveillance, de générosité. C'est l'amour qui donne et pardonne. Ce mot est souvent employé dans la Bible dans le sens de don gratuit.

"Le salaire du péché, c'est la mort ; mais le don gratuit de Dieu, c'est la vie éternelle en Jésus-Christ notre Seigneur" (Romains 6/23).

La grâce de Dieu n'a rien à voir avec la grâce présidentielle, qui est une mesure de clémence ayant pour effet de soustraire un condamné à l'application de la peine qu'il aurait dû subir. Au temps de la peine de mort en France, le dernier condamné à mort qui fut gracié le 25 mai 1981, vit sa peine commuée en condamnation à la réclusion criminelle à perpétuité.

Quand Dieu fait grâce, il n'y a pas de commutation de peine qui consiste dans une peine de substitution plus faible que la première, mais une totale abolition de la peine. *"Il n'y a donc maintenant aucune condamnation pour ceux qui sont en Jésus-Christ"* (Romains 8/1). Quand Dieu pardonne, il *"efface nos transgressions comme un nuage, nos péchés comme une nuée"* (Ésaïe 44/22). David écrira au Psaume 32 : *"Je t'ai fait connaître mon péché, je n'ai pas caché mon iniquité ; j'ai dit : J'avouerai mes transgressions à l'Éternel ! Et tu as effacé la peine de mon péché... Heureux celui à qui la transgression est remise, à qui le péché est pardonné !"*

"Car la grâce de Dieu, source de salut pour tous les hommes, a été manifestée..." (Tite 2/11). La grâce de Dieu est intimement liée à la personne de Jésus-Christ. Jésus est la grâce de Dieu incarnée. Il en est la manifestation suprême, et ce, tout particulièrement par son sacrifice sur la Croix. *"C'est pour nos péchés qu'il a été meurtri, par nos iniquités qu'il a été écrasé ; le châtiment, gage de notre salut, pesait sur lui, et c'est sa blessure qui nous a valu la guérison"* (Ésaïe 53/5 – Version Rabbinique).

En voici une illustration toute simple. Alors que j'étais un jeune garçon et que je me trouvais chez une de mes tantes, je fis une bêtise de gamin qui méritait une correction. Mon père étendit sa main mais ma cousine qui était là s'est vite interposée entre lui et moi, et c'est elle qui a pris la gifle qui m'était destinée.

Par son sacrifice sur la croix, Jésus s'est interposé volontairement et par amour pour nous entre Dieu, qui est parfaitement saint et qui doit sanctionner le péché, et nous pécheurs. C'est ainsi qu'il a supporté le châtiment à notre place afin que nos péchés soient expiés, que nous soyons pardonnés, et que nous recevions par la foi la vie éternelle.

Proclamer le message de l'Évangile, c'est *"annoncer la bonne nouvelle de la grâce de Dieu"* (Actes 20/24).

La grande différence entre le Christianisme authentique et toutes les religions humaines, c'est le caractère unique et fondamental de la grâce de Dieu qui nous est offerte gratuitement, en réponse à notre repentance envers Dieu, et à notre foi en Jésus qui a supporté notre châtiment sur la Croix.

Jésus, l'initiateur de la foi

Hébreux 12/2 (TOB) nous invite à fixer nos regards sur Jésus *"l'initiateur de la foi, qui la mène à son accomplissement"*, *"celui qui fait naître la foi et la rend parfaite"* (Parole de Vie).

À un homme nommé Jaïrus, à qui on venait d'annoncer la mort de sa fille, Jésus a dit : *"Ne crains pas, crois seulement"* (Marc 5/36). À ses disciples, qui se trouvaient dans une position particulièrement délicate, Jésus a dit : *"Rassurez-vous, c'est moi, n'ayez pas peur"* (Matthieu 14/27).

Qui n'a jamais eu peur ? Avant le premier saut en parachute d'une nouvelle promotion, le commandant d'une base école de troupes aéroportées, dans la région de Pau, dit en s'adressant à ses gars : "Vous êtes des durs, mais vous allez avoir peur. Sachez-le, c'est normal. Il vous appartient de faire une chose : Surmontez votre peur !" Assurément, même les volontés les plus énergiques éprouvent aussi le sentiment de la peur.

Certes, il est évident que la peur a parfois un aspect positif et salutaire. Elle est une réaction saine face aux dangers qui pourraient menacer notre vie. Par exemple, en haute montagne vous passez près d'un précipice ; la peur du vide va vous inciter à vous en écarter. Mais la peur n'a pas toujours cet aspect positif. Elle peut dérégler notre métabolisme et nous créer toutes sortes d'effets physiologiques, tels que la chair de poule, une indigestion, des palpitations cardiaques, des réactions allergiques, la perturbation du rythme respiratoire, etc. Certains ont peur de perdre leur emploi, peur de l'abandon de leur conjoint, peur de la solitude, de l'échec, du lendemain, de la maladie, de la mort. Les causes de la peur sont multiples et tellement différentes.

Pour y remédier, certains se réfugient dans l'occultisme, consultent des voyants et des charlatans de tout poil, portent des amulettes, des porte-bonheur, consultent l'horoscope, ce qui bien souvent ne fait qu'augmenter leurs angoisses. D'autres fuient dans le travail, le sport, l'alcool, la drogue et toutes sortes de plaisirs fallacieux, sans pour autant trouver la paix à laquelle ils aspirent tant.

Plus de cent fois la Bible nous exhorte à ne pas craindre, à ne pas avoir peur, ajoutant bien souvent une promesse de Dieu ou une parole d'encouragement, comme par exemple : *"Ne crains point, car je veux te faire du bien"* (2 Samuel 9/7) ou : *"Ne crains rien, je viens à ton secours"* (Ésaïe 41/14).

"Ne crains pas, crois seulement" ou *"Ne crains pas, aie seulement la foi"* (Marc 5/36 – Version de Jérusalem). La foi : Voilà le remède de Dieu à la crainte.

Robert de Lamennais, dans son "Essai sur l'indifférence", dit : "L'incroyance est la ruine non seulement des individus, mais des sociétés."

Avoir la foi, c'est primordial, car la Bible dit : *"C'est par la grâce que vous êtes sauvés, par le moyen de la foi. Et cela ne vient pas de vous, c'est le don de Dieu. Ce n'est point par les œuvres, afin que personne ne se glorifie"* (Éphésiens 2/8-9).

La Bible donne "le coup de grâce" au salut par les œuvres et les mérites :
"Cela ne vient pas de vous,
c'est le don de Dieu.
Ce n'est point par les œuvres..."
(Éphésiens 2/8-9)

La grâce, c'est la main de Dieu tendue vers l'homme pécheur, lui offrant le salut ; la foi, c'est la main de l'homme qui saisit le salut de son âme comme une grâce, une faveur imméritée.

La Bible souligne clairement que nous ne pouvons pas être sauvés par nos œuvres. Certes, Dieu apprécie les bonnes œuvres quand elles sont faites d'une manière désintéressée, ayant pour seul objectif le bien de celui ou de ceux qui en bénéficient.

La Bible elle-même nous encourage à pratiquer de bonnes œuvres dans cet esprit-là. Mais nos bonnes œuvres, aussi belles et aussi nombreuses qu'elles soient, ne pourront jamais effacer une seule de nos fautes, ni nous procurer le salut. Elles n'ont devant Dieu aucune valeur expiatoire ou salvatrice. Toute pensée de mérites est totalement écartée dans l'enseignement du Christ et des apôtres, au sujet du salut de notre âme. La Bible donne le "coup de grâce" au salut par les œuvres (Éphésiens 2/8-9). Seule la foi en Jésus, qui personnifie la grâce de Dieu manifestée avec évidence par le sacrifice de la Croix, nous permet d'entrer dans le paradis.

Un grand tremblement de terre eut lieu en Grèce continentale. Il avait engendré l'ébranlement de la prison de la ville de Philippes et la rupture des liens des prisonniers. Le geôlier, qui devait répondre des prisonniers et qui était tenu pour responsable en cas d'évasion, pensant que tous les prisonniers s'étaient enfuis, allait se suicider. Il préférait cette solution, la plus mauvaise qui soit plutôt que de subir l'humiliation d'un jugement et d'une condamnation à mort.

L'apôtre Paul l'arrêta in extrémis, lui disant : *"Ne te fais point de mal, nous sommes tous ici."* Complètement désemparé, le geôlier s'écria : *"Que faut-il que je fasse pour être sauvé ?"* La réponse de l'apôtre est claire, nette et précise : *"Crois au Seigneur Jésus, et tu seras sauvé"* (Actes 16/16-34).

Mais qu'est-ce que la foi ? Voilà une question qui s'impose, car il y a malheureusement bien des idées préconçues sur la foi qui n'ont rien à voir avec ce qu'enseigne l'Évangile de Jésus-Christ.

Tout d'abord, la foi ce n'est pas de la superstition, c'est-à-dire le fait de croire que certains actes, certains signes entraînent d'une manière occulte et automatique des conséquences bonnes ou mauvaises.

Le Larousse nous donne de la superstition la définition suivante : "Déviation du sentiment religieux fondée sur la crainte ou l'ignorance." La superstition peut même avoir un accent religieux. Certains porteront une croix, une médaille représentant tel saint ou telle sainte, pour les protéger. D'autres considéreront comme porte-bonheur tel ou tel objet, comme un fer à cheval et que sais-je encore.

La foi, ce n'est pas une simple croyance de nature purement intellectuelle, une simple adhésion de notre intellect aux récits historiques de la Bible. Cette croyance-là n'a aucun impact sur notre vie, et n'est d'aucune utilité.

Selon un sondage de la SOFRES paru dans "L'événement du Jeudi", 66 % des Français croient que Dieu existe. Je veux bien, mais combien croient en Dieu ? Car il y a une nuance, et elle est de taille, entre croire que Dieu existe et croire en Dieu. Selon le dictionnaire, "croire que" c'est considérer comme vrai ; alors que "croire en" quelqu'un, c'est avoir confiance en lui. Croire que Dieu existe et vivre comme s'il n'existait pas, dans une totale indifférence à son égard, comme s'il n'avait rien fait pour nous, ne sauvera jamais personne.

La Bible dit : *"Tu crois qu'il y a un seul Dieu, tu fais bien ; les démons le croient aussi, et ils tremblent"* (Jacques 2/19).

Il ne suffit pas de croire que Dieu existe. Certes, c'est important, mais c'est incomplet. Les démons, qui croient que Dieu existe, tremblent à la pensée de leur châtiment final et éternel.

La foi, ce n'est pas non plus croire n'importe qui et n'importe quoi, ce que l'on appelle communément la foi du charbonnier, pour parler d'une croyance aveugle et non réfléchie. Il faut croire ce qui est vrai. Et il n'y a rien de plus vrai que la Parole de Dieu.

"Laurel et Hardy durent un jour tourner une certaine scène. Ils devaient détruire entièrement une maison de façon à provoquer l'hilarité générale : jeter les meubles par la fenêtre, défoncer une porte à coups de hache, démolir la cheminée, briser les vases avec une batte de base-ball, déraciner les arbustes et les buissons. Pour porter à l'écran une telle opération de destruction à moindre coût, les producteurs cherchèrent une maison déjà vouée à la démolition. Ils en trouvèrent une près de Los Angeles. Inutile de dire que le propriétaire fut ravi à la pensée que sa maison servirait à cette célèbre paire de comédiens.

Au jour fixé, l'équipe de cinéastes arriva, trouva la maison ouverte, installa ses caméras de prise de vue et tout le monde se mit en place. Et l'on commença à filmer. En quelques heures, la maison fut dans un état indescriptible. Les cameramen s'étaient efforcés de saisir chaque coup, chaque fracas, chaque détérioration. L'équipe de tournage était sur le point de terminer son travail quand un inconnu arriva en trombe, rouge de colère. La maison que Laurel et Hardy auraient dû détruire était celle d'à côté !

Du producteur aux acteurs, tout le monde croyait avoir repéré la bonne maison. Il ne suffit pas d'avoir une foi sincère, il faut aussi qu'elle soit fondée sur la vérité."

La foi authentique est établie :

➤ **Sur la Parole de Christ.** *"La foi vient de ce qu'on entend, et ce qu'on entend vient de la parole de Christ"* (Romains 10/17). Il va de soi que le verbe entendre ne se limite pas seulement aux oreilles. Entendre ou lire, peu importe ; ce qui compte, c'est de recevoir le message.

➤ **Sur l'infinie grandeur de la puissance de Dieu.** *"Que votre foi soit fondée, non sur la sagesse des hommes, mais sur la puissance de Dieu"* (1 Corinthiens 2/5). *"Ce qui est impossible aux hommes est possible à Dieu"* (Luc 18/27).

➤ **Sur la fidélité de Dieu qui est inébranlable.** *"Dieu demeure fidèle, car il ne peut se renier lui-même"* (2 Timothée 2/13). *"Celui qui nous a fait les promesses est entièrement digne de confiance ; nous pouvons être sûrs qu'il tiendra parole"* (Hébreux 10/23 – Parole Vivante).

➤ **Sur l'incomparable et invariable amour de Dieu.** *"De loin l'Éternel se montre à moi : Je t'aime d'un amour éternel, c'est pourquoi je te conserve ma bonté"* (Jérémie 31/3). Comme le dit un cantique : "Mon Sauveur m'aime, quel ferme appui pour ma foi !"

"La foi est une ferme confiance dans la réalisation de ce qu'on espère, c'est une manière de le posséder déjà par avance. Croire, c'est être absolument certain de la réalité de ce qu'on ne voit pas" (Hébreux 11/1).

La foi n'est pas une illusion de gens mystiques qui n'ont plus les pieds sur terre, mais elle est une tranquille confiance en Dieu, en sa Parole qui est la Vérité et en sa fidélité.

La foi authentique est le produit de trois facteurs :

1. Croire ce que Dieu dit, tenir pour vrai ce que dit la Bible :
"Nous recevons le témoignage des hommes, le témoignage de Dieu est plus grand" (1 Jean 5/9).

Prenons un exemple. Vous êtes sur la route, au volant de votre voiture. Tout en roulant, vous écoutez les informations à la radio. Vous entendez une info de dernière minute, à savoir un tremblement de terre, un attentat ou je ne sais quel autre événement qui vient de se dérouler à des milliers de kilomètres. Vous n'avez rien vu, vous avez seulement entendu. Est-ce que vous acceptez l'information du journaliste comme étant vraie ? Bien sûr que oui !

Si nous mettions toujours en doute la parole de nos semblables, la vie deviendrait impossible. Nous sommes capables de croire la parole des hommes, qui peuvent se tromper, voire nous tromper, et nous mettrions en doute la Parole de Dieu, qui ne peut ni se tromper ni nous tromper !

2. Croire, c'est agir en conséquence.
Supposez que depuis Rouen, je prenne le train pour me rendre au Havre. Je descends sur le quai. Il y a un train à gauche et un autre à

droite du quai. Je monte et m'assieds dans le train qui va bientôt partir. J'entends sur le quai une personne qui demande au contrôleur quel est le train pour Paris. Celui-ci lui indique le train dans lequel je me suis assis. En fait, je me suis trompé de train. Si je crois vraiment ce que dit le contrôleur, je vais réagir et vite descendre pour monter dans le bon train. Croire, c'est agir selon ce qui est dit !

Je prendrai un exemple de l'Évangile de Jean (4/46-53) :

"Il y avait à Capernaüm un officier du roi, dont le fils était malade. Ayant appris que Jésus était venu de Judée en Galilée, il alla vers lui, et le pria de descendre et de guérir son fils, qui était près de mourir. Jésus lui dit : Si vous ne voyez des miracles et des prodiges, vous ne croyez point. L'officier du roi lui dit : Seigneur, descends avant que mon enfant ne meure. Va, lui dit Jésus, ton fils vit. Et cet homme crut à la parole que Jésus lui avait dite, et il s'en alla. Comme il descendait déjà, ses serviteurs venant à sa rencontre lui apportèrent cette nouvelle : Ton enfant vit. Il leur demanda à quelle heure il s'était trouvé mieux ; et ils lui dirent : Hier, à la septième heure, la fièvre l'a quitté. Le père reconnut que c'était à cette heure-là que Jésus lui avait dit : Ton fils vit. Et il crut, lui et toute sa maison."

L'Évangile dit : *"Cet homme crut à la parole que Jésus lui avait dite, et il s'en alla."* Il n'est pas resté à supplier Jésus en lui disant : Seigneur, quand j'ai laissé mon fils, il était près de mourir. Il faut faire vite, avant qu'il ne soit trop tard. Non ! Mais il croit à la parole de Jésus, et que fait-il ? Il met sa foi en action. Il retourne chez lui, et constate la guérison de son fils.

Croire, c'est agir selon la Parole de Dieu. La Bible est remplie d'exemples qui nous montrent, d'une part l'importance de croire en la vérité de la Parole de Dieu et d'autre part, l'importance d'agir en conséquence.

Considérons encore l'exemple des dix lépreux guéris par Jésus, dans l'Évangile de Luc (17/12-19) : *"Comme Jésus entrait dans un village, dix lépreux vinrent à sa rencontre. Se tenant à distance, ils élevèrent la voix, et dirent : Jésus, Maître, aie pitié de nous ! Dès qu'il les eut vus, il leur dit : Allez vous montrer aux sacrificateurs. Et, pendant qu'ils y allaient, il arriva qu'ils furent guéris..."*

Les lépreux, étant contagieux, devaient rester à distance de leurs prochains et signaler leur présence à leur approche, c'est pourquoi ces dix lépreux se tenaient à distance de Jésus. Jésus, répondant à leur requête, leur demande d'aller se montrer aux sacrificateurs parce que selon la loi de Moïse, ils avaient la charge de constater la maladie de peau, dont la lèpre. Lors d'une guérison, ils constataient également celle-ci.

En fait Jésus leur demande de faire constater leur guérison avant que celle-ci ne soit effective. Et c'est *"pendant qu'ils y allaient qu'ils furent guéris."* C'est-à-dire qu'ils furent guéris lorsqu'ils mirent leur foi en action, en agissant selon la parole de Jésus. Croire, c'est agir, c'est mettre en pratique la Parole du Seigneur.

Lors d'un repas, après le plat des entrées vint à passer le plat de viande. L'un de nous, prenant ce plat en main, se mit à nous dire : J'ai un problème de conscience car je suis végétarien. Après tout, c'était son droit. Mais il ajouta : Comme je suis végétarien non pratiquant, je vais quand même en prendre une bonne tranche. Bien sûr, nous avons tous souri.

Bien des fois, j'ai entendu cette expression, et peut-être l'avez-vous dite vous-même : Je suis croyant, mais pas pratiquant. Ou bien on est végétarien et on ne mange pas de viande ; ou bien, si on mange de la viande, c'est qu'on n'est pas végétarien. Si je suis croyant de cœur et pas seulement de nom, je pratique la Parole de Dieu au quotidien, conformant ma vie à l'enseignement des Écritures. Si je ne pratique pas la Parole de Dieu, c'est que je ne crois pas vraiment. *"Mettez en pratique la Parole de Dieu, et ne vous bornez pas à l'écouter en vous trompant vous-même par de faux raisonnements"* (Jacques 1/22).

Prenons encore l'exemple de Noé : Hébreux 11/7 :

"C'est par la foi que Noé, divinement averti des choses qu'on ne voyait pas encore, et saisi d'une crainte respectueuse, construisit une arche pour sauver sa famille."

Nous retrouvons les mêmes étapes de la foi authentique : premièrement, la Parole de Dieu : "divinement averti" ; deuxièmement, l'action de la foi : "construisit une arche..."

Lisez attentivement le chapitre 11 de l'épître aux Hébreux, vous trouverez 18 fois l'expression *"C'est par la foi"*, suivie du nom d'une personne, puis d'un verbe, par exemple : *"C'est par la foi que Moïse quitta l'Égypte..."* Nous avons tous appris à l'école que le verbe est un mot qui exprime l'action. La foi qui a de la valeur aux yeux de Dieu, c'est *"la foi qui débouche sur l'amour et se traduit par des actes"* (Galates 5/6 – Parole Vivante).

3. Croire, c'est aussi faire entièrement confiance à Dieu.

La Bible dit : *"Recommande ton sort à l'Éternel, mets en lui ta confiance, et il agira"* (Psaume 37/5).

La foi, c'est un état d'esprit, *"un esprit de foi"* (2 Corinthiens 4/13), qui se repose sur Dieu (1 Pierre 1/21).

Arrivant en voiture à Rouen par le Sud, je vis sur le trottoir un homme qui marchait avec une canne blanche, un aveugle. M'arrêtant à sa hauteur, je proposai de le conduire là où il voulait se rendre. Cet homme accepta ma proposition, et s'assit à côté de moi. Sans me connaître, il crut que ma parole était vraie, que j'allais le conduire à sa destination souhaitée. Non seulement il tint pour vraie ma parole, ma promesse, mais il a agi en conséquence en s'asseyant à côté de moi. Et il m'a fait entièrement confiance.

Le célèbre funambule français Charles Blondin a fait l'exploit, en 1859, de traverser les 330 mètres de filin tendu à 50 mètres au-dessus des chutes du Niagara, entre les États-Unis et le Canada. Sans filet ni harnais, il a bravé plusieurs fois le bouillonnement des chutes. Il le fit aussi avec une brouette, chargée pour corser la difficulté avec 80 kilos de pierre. Et ce fut un tonnerre d'applaudissements !

Puis il demanda à la foule s'il était capable de le faire avec une personne dans la brouette. Oui ! criait la foule. S'approchant d'un homme qui était au premier rang, venez, dit-il, et montez dans la brouette. Vous serez le premier homme à franchir les chutes du Niagara dans une brouette ; mais celui-ci prit ses jambes à son cou, et disparut dans la foule. Il croyait, mais... !

Dans bien des domaines de la vie, nous manifestons une confiance toute naturelle. Quand je mets une lettre à la poste, je fais confiance aux services postaux qui achemineront cette lettre à son destinataire.

Quand je prends le train ou l'avion, je fais confiance tout naturellement à tous ceux qui œuvrent pour l'aviation, les mécaniciens qui entretiennent l'avion, les contrôleurs aériens, le pilote et le co-pilote ; il y a toute une chaîne d'hommes qui travaillent pour le bon déroulement du vol. Et moi, tranquillement assis, je lis ou je prends mon repas ou encore j'essaie de dormir si c'est la nuit.

La confiance, c'est la sève de la foi. La foi, c'est la combinaison de ces trois éléments : tenir pour vraie la Parole de Dieu, agir en conséquence, c'est-à-dire lui obéir, et faire entière confiance au Seigneur qui, soyons-en certains, ne trahira jamais notre confiance.

"Par la foi en Jésus-Christ, nous avons la liberté de nous approcher de Dieu avec confiance" (Éphésiens 3/12).

La foi, selon la Bible, ce n'est pas seulement une simple question d'éthique, et encore moins une obéissance servile à des rites religieux. Vivre la foi, selon l'Écriture, c'est avoir pour fondement une relation de confiance avec Dieu et avec son Fils Jésus-Christ.

Crois au Seigneur Jésus

Soulignons à présent quelque chose d'important dans la Parole de Jésus, quand il a dit à ses contemporains : *"Vous croyez en Dieu, croyez aussi en moi"* (Jean 14/1).

Ce terme de comparaison "aussi", exprimant un rapport d'égalité, qui se trouve dans le texte original, souligne bien que le fait de croire en Dieu ne suffit pas, mais qu'il faut aussi croire en Jésus pour être sauvé. C'est d'ailleurs ce que les apôtres Paul et Silas ont dit au geôlier de la prison de Philippes, dont nous avons déjà parlé : *"Crois au Seigneur Jésus, et tu seras sauvé..."* (Actes 16/31).

Le livre des Actes des Apôtres nous relate l'histoire d'un homme nommé Corneille, officier de l'armée romaine, qui occupait le pays d'Israël. *"Cet homme était pieux et craignait Dieu, avec toute sa maison ; il faisait beaucoup d'aumônes au peuple, et priait Dieu continuellement. Vers la neuvième heure du jour, il vit clairement un ange de Dieu qui entra chez lui, et qui lui dit : Corneille ! Les regards fixés sur lui, et saisi d'effroi, il répondit : Qu'est-ce, Seigneur ? Et l'ange lui dit : Tes prières et tes aumônes sont montées devant Dieu, et il s'en est souvenu. Envoie maintenant des hommes à Joppé, et fais venir Simon, surnommé Pierre ; il est logé chez un certain Simon, corroyeur, dont la maison est près de la mer."* (Actes 10/1-6).

Ce que Corneille s'empressa de faire en envoyant deux de ses serviteurs accompagnés d'un soldat pieux. Je vous encourage à lire le chapitre 10 en entier et le chapitre 11 jusqu'au verset 18.

Quand l'apôtre Pierre racontera à ses collègues cette rencontre avec Corneille, il donnera cette précision : *"Cet homme nous raconta comment il avait vu dans sa maison l'ange se présentant à lui, et disant : Envoie quelqu'un à Joppé, et fais venir Simon surnommé Pierre, qui te dira les paroles par lesquelles tu seras sauvé, toi et ta famille"* (11/13-14).

Je remarque que Corneille était un homme pieux. Ce n'était pas un impie vivant dans une totale indifférence à l'égard de Dieu, ni quelqu'un que l'on pourrait taxer de croyant mais non pratiquant. Il avait dans son cœur la crainte respectueuse de Dieu et exerçait une bonne influence sur les siens. Il aidait beaucoup les pauvres du peuple juif, tout romain qu'il était, lui, officier de l'armée occupante. Il priait Dieu régulièrement ; et même, alors qu'il était un jour en prière, il a eu la visitation d'un ange qui lui a dit : *"Fais venir Simon surnommé Pierre, qui te dira les paroles par lesquelles tu seras sauvé."*

Il est certain que Dieu appréciait l'attitude et la vie de cet homme. Néanmoins, malgré ce qu'il était et ce qu'il faisait, il n'était pas sauvé. Corneille croyait en Dieu, puisqu'il le priait, mais il avait besoin de quelque chose de plus : croire en Jésus.

Quand Pierre entra chez lui, il lui dit les paroles par lesquelles il pouvait être sauvé. Lesquelles ? Ce que nous lisons maintenant :

"Dieu a oint du Saint-Esprit et de force Jésus de Nazareth, qui allait de lieu en lieu en faisant du bien et en guérissant tous ceux qui étaient sous l'empire du diable, car Dieu était avec lui. Nous sommes témoins de tout ce qu'il a fait dans le pays des Juifs et à Jérusalem.

Ils l'ont tué, en le pendant au bois. Dieu l'a ressuscité le troisième jour, et il a permis qu'il apparût, non à tout le peuple, mais aux témoins choisis d'avance par Dieu, à nous qui avons mangé et bu avec lui, après qu'il fut ressuscité des morts. Et Dieu nous a ordonné de prêcher au peuple et d'attester que c'est lui qui a été établi juge des vivants et des morts. Tous les prophètes rendent de lui le témoignage que quiconque CROIT EN LUI (Jésus) *reçoit par son nom le pardon des péchés"* (Actes 10/38-43).

Nous avons là un court résumé du message de l'Évangile, qui consiste à *"annoncer la bonne nouvelle de Jésus"*, comme le fit l'évangéliste Philippe au ministre éthiopien. De Jérusalem où il était venu pour adorer Dieu, il retournait dans son pays tout en lisant le livre du prophète Ésaïe, en particulier le chapitre 53 qui annonce les souffrances du Messie (Actes 8/26-40).

C'est encore l'apôtre Pierre qui affirma devant les autorités religieuses de Jérusalem : *"Jésus est la pierre rejetée par vous qui bâtissez, et qui est devenue la principale de l'angle. Il n'y a de salut en aucun autre ; car il n'y a sous le ciel aucun autre nom qui ait été donné parmi les hommes, par lequel nous devions être sauvés"* (Actes 4/12).

L'apôtre Paul a écrit dans une de ses lettres : *"Il y a un seul Dieu, et aussi un seul médiateur entre Dieu et les hommes, Jésus-Christ homme, qui s'est donné lui-même en rançon pour tous"* (1 Timothée 2/5).

Jésus a dit : *"Je suis la porte. Si quelqu'un entre par moi, il sera sauvé"* (Jean 10/9).

Et encore : *"Je suis le chemin, la vérité et la vie, nul ne vient au Père que par moi"* (Jean 14/6).

La Parole de Dieu est on ne peut plus claire : hors de Jésus, il n'y a pas de salut ! Le nom de Jésus, "Yéchoua" en hébreu, signifie littéralement "Dieu sauve". Il souligne tant sa divinité, que sa mission en faveur de l'humanité.

- C'est Jésus qui est descendu du ciel et qui, conçu par le Saint-Esprit, est né miraculeusement de la vierge Marie.
- C'est Jésus, et personne d'autre qui, n'ayant jamais commis le péché, a pu offrir sa vie en sacrifice pour notre salut.
- C'est Jésus qui est l'unique médiateur entre Dieu et les hommes.
- C'est Jésus qui est le seul et unique chemin qui mène à Dieu le Père.
- C'est Jésus qui est la seule porte qui nous ouvre l'accès au paradis.

- C'est Jésus qui a volontairement donné sa vie et versé son sang sur la Croix pour faire l'expiation de nos péchés.
- C'est Jésus, et lui seul, qui est ressuscité des morts.

Certes, Jésus a ressuscité des morts comme la fille de Jaïrus (Luc 8/41-56), le fils de la veuve de Naïn (Luc 7/11-17), et son ami Lazare (Jean 11/1-44) ; mais ils sont morts à nouveau comme tous les hommes.
Seul Jésus *"ressuscité des morts ne meurt plus, la mort n'a plus de pouvoir sur lui"* (Romains 6/9).

Il n'y a de salut en aucun autre que Jésus

La Bible dit : *"Parce qu'il demeure éternellement, Jésus possède un sacerdoce qui n'est pas transmissible. C'est aussi pour cela qu'il peut sauver parfaitement ceux qui s'approchent de Dieu par lui, étant toujours vivant pour intercéder en leur faveur"* (Hébreux 7/24-25).

Pour Jésus, l'heure est venue !

A*vant la fête de Pâque, Jésus, sachant que son heure était venue de passer de ce monde au Père..."* (Jean 13/1).

Cette expression *"son heure était venue"* signifie qu'il va bientôt mourir. Il n'a que trente-trois ans, et seulement trois années d'une vie publique riche d'un ministère marqué par le miraculeux. Jésus achève son ministère ici-bas pour entrer maintenant dans sa dernière heure. C'est la veille de sa mort.

Jésus a souvent évoqué sa mort comme étant "son heure" :

➤ Lors des noces à Cana en Galilée, Jésus dira à sa mère : *"Mon heure n'est pas encore venue. Et sa mère de dire aux serviteurs : Faites ce qu'il vous dira"* (Jean 2/4-5).

➤ Pendant la fête des tabernacles, alors que *"Jésus enseignait dans le Temple..., les autorités religieuses cherchaient à se saisir de lui. Personne ne mit la main sur lui, parce que son heure n'était pas encore venue"* (Jean 7/1-30).

➤ Toujours dans le Temple, *"personne ne se saisit de lui, parce que son heure n'était pas encore venue"* (Jean 8/20).

➤ Alors que le moment fatidique approche, l'heure prévue et inéluctable, Jésus dira : *"Mon âme est troublée. Que dirai-je ?... Père, délivre-moi de cette heure ?... Mais c'est pour cela que je suis venu jusqu'à cette heure !"* (Jean 12/27).

De plus en plus, les pensées de Jésus se focalisaient sur les événements difficiles et imminents qu'il savait devoir affronter, les souffrances indescriptibles qu'il endurerait. Devait-il demander à son Père de le délivrer ? C'était impossible, car c'était justement pour cette heure-là qu'il avait quitté le ciel, qu'il était né sur cette terre, et qu'il était maintenant si près du but de sa mission ici-bas. N'a-t-il pas déclaré au cours de son ministère : *"Je donne ma vie. Personne ne me l'ôte, mais je la donne de moi-même ; j'ai le pouvoir de la donner, et j'ai le pouvoir de la reprendre : tel est l'ordre que j'ai reçu de mon Père"* (Jean 10/18).

Malgré les apparences, personne n'aurait pu arrêter, condamner, et crucifier Jésus sans son consentement. Jésus n'a pas été la victime impuissante d'un complot tramé contre lui, et auquel il n'aurait pu échapper. Jésus n'avait pas un couteau sous la gorge ni une arme sur la tempe. *"Il s'est livré lui-même à la mort"* (Ésaïe 53/12). Plus qu'un meurtre commis par des hommes, la crucifixion de Jésus est un sacrifice librement consenti par le Seigneur lui-même, pour notre salut.

Le plan divin pour le salut du monde était établi avant même la création du monde. L'apôtre Pierre a écrit dans sa première épître, en parlant de Jésus : *"Il s'est sacrifié comme un agneau sans défaut et sans tache, prédestiné avant la fondation du monde"* (1/19-20).

Jésus ne sera pas surpris par les événements, ni par leur déroulement, car *"il savait tout ce qui devait lui arriver"* (Jean 18/4). C'est le moment le plus important de sa mission ici-bas. Jésus va vivre ce que l'on appelle communément "La Passion du Christ."

Trois fois, Jésus avait averti ses disciples de sa mort prochaine :

"Voici, nous montons à Jérusalem, et le Fils de l'homme sera livré aux principaux sacrificateurs et aux scribes. Ils le condamneront à mort, le livreront aux païens qui se moqueront de lui, cracheront sur lui, le frapperont à coups de fouet, et le feront mourir, et trois jours après, il ressuscitera." (Marc 8/31 ; 9/31 et 10/34).

"Mais les disciples ne comprenaient pas cette parole, et ils craignaient de l'interroger" (Marc 9/32). Ils s'étaient fait l'image d'un Messie conquérant. Ils s'attendaient à un royaume terrestre qui débuterait maintenant : *"Nous espérions que ce serait lui qui délivrerait Israël"* de l'occupation romaine (Luc 24/21).

Les chefs religieux n'avaient pas supporté l'enseignement de Jésus qui dénonçait leur hypocrisie (Matthieu 23) : *"...dépouillant les veuves de leurs biens et faisant pour l'apparence de longues prières, paraissant justes aux hommes, mais au-dedans pleins d'hypocrisie et d'injustice."* Ils prirent en secret la décision de se saisir de Jésus et de le mettre à mort. *"Ils cherchaient les moyens d'arrêter Jésus par ruse, et de le faire mourir"* (Marc 14/1).

Ils trouvèrent un triste allié en la personne de Judas, dont le nom est à jamais associé à la trahison, *"qui alla s'entendre avec les chefs des sacrificateurs et les chefs des gardes, sur la manière de le leur livrer. Ils furent dans la joie, et ils convinrent de lui donner de l'argent* (Luc 22/4-6). *Ils lui payèrent trente pièces d'argent"* (le prix d'un esclave : Exode 21/32). *"Depuis ce moment, il cherchait une occasion favorable pour leur livrer Jésus"* (Matthieu 26/15-16).

Lors du dernier repas avec ses disciples, celui de la Pâque Juive, une fête religieuse où les juifs célébraient la délivrance de leurs ancêtres de l'esclavage en l'Égypte, en offrant le sacrifice d'un agneau (Exode 12), *"Jésus se mit à table, et les apôtres avec lui. Il leur dit : J'ai vivement désiré manger la Pâque avec vous avant de souffrir"* (Luc 22/14).

Judas eut l'audace et l'impudence de participer à ce repas pascal. Malgré le secret dont il essaya de s'entourer, Judas ne surprendra pas Jésus, mais il sera lui-même surpris par Jésus qui dévoila sa trahison. Judas laissa soudainement le repas et *"se hâta de sortir. Il faisait nuit"* (Jean 13/30).

C'est ce soir-là que Jésus institua la Cène avec le pain et le vin, auxquels il donna une nouvelle dimension dans leur signification : le pain représentant son corps meurtri, et le vin son sang répandu lors de son sacrifice sur la Croix, pour l'expiation de nos péchés et notre délivrance de la condamnation.

"Après avoir chanté les Psaumes, ils se rendirent au mont des Oliviers" (Matthieu 26/30).

Jésus à Gethsémané

Il y a dans notre monde des lieux mémorables qui ont été le théâtre d'événements particulièrement importants, et qui font date dans l'histoire de notre humanité. Auschwitz, Buchenwald, Dachau, Ravensbrück par exemple, nous font penser à la Shoah, aux camps d'extermination où périrent six millions de Juifs, dont un million et demi d'enfants pendant la seconde guerre mondiale.

Hiroshima nous rappelle l'explosion de la bombe atomique du 6 août 1945 lancée sur cette ville du Japon par l'aviation américaine, pour venger le désastre de Pearl Harbor. Cette bombe a détruit la ville à 90% et a fait 80 000 morts.

Tchernobyl évoque la catastrophe nucléaire qui a eu lieu le 26 avril 1986, provoquée par la fusion du réacteur dont les conséquences au point de vue sanitaire, écologique et économique ont été dramatiques, entraînant des milliers de morts par cancer dans les populations les plus exposées.

Et que dire du World Trade Center qui nous rappelle ces terribles attentats du 11 septembre 2001 ; ces deux avions qui se sont écrasés sur la tour Nord et sur la tour Sud, causant près de 3 000 morts. Quelle terrible tragédie !

Voilà des sites et bien d'autres encore qui sont devenus des noms symboliques, synonymes de désastre, de souffrances, avec leur cortège de nombreuses victimes.

Parlons maintenant de trois sites bibliques, tous les trois en terre d'Israël, à Jérusalem, où se sont déroulés des événements de la plus haute importance :

- Gethsémané où Jésus fut arrêté,
- Gabbatha où Jésus fut condamné,
- Golgotha où Jésus fut crucifié.

"Après être sorti, Jésus alla, selon sa coutume, à la montagne des Oliviers. Ses disciples le suivirent" (Luc 22/39). *"Jésus alla avec ses disciples dans un lieu appelé Gethsémané"* (Matthieu 26/36).

Le Jardin de Gethsémané, planté de plusieurs oliviers, était certainement pourvu d'un pressoir à huile, (Gethsémané signifie "pressoir à huile). Il se situe à l'Est de Jérusalem, de l'autre côté de la vallée du Cédron, au pied du mont des Oliviers. *"Jésus et ses disciples s'y étaient souvent réunis"* (Jean 18/2).

Quand Jésus était à Jérusalem, *"pendant le jour, il enseignait dans le temple, et il allait passer la nuit à la montagne appelée montagne des oliviers. Et tout le peuple, dès le matin, se rendait vers lui, dans le temple pour l'écouter"* (Luc 21/37-38).

"Jésus dit aux disciples : Asseyez-vous ici, pendant que je m'éloignerai pour prier. Il prit avec lui Pierre et les deux fils de Zébédée (Jacques et Jean), et il commença à éprouver de la tristesse et des angoisses. Il leur dit alors : Mon âme est triste à en mourir ; restez ici, et veillez avec moi. Puis, ayant fait quelques pas en avant, il se jeta sur sa face, et pria ainsi : Mon Père, s'il est possible que cette coupe s'éloigne de moi ! Toutefois, non pas ce que je veux, mais ce que tu veux. Et il vint vers les disciples qu'il trouva endormis. Il dit à Pierre : Vous n'avez donc pu veiller une heure avec moi. Veillez et priez, afin que vous ne tombiez pas dans la tentation ; l'esprit est bien disposé, mais la chair est faible. Il s'éloigna une seconde fois, et pria ainsi : Mon Père, s'il n'est pas possible que cette coupe s'éloigne de moi sans que je la boive, que ta volonté soit faite ! Il revint, et les trouva encore endormis ; car leurs yeux étaient appesantis" (Matthieu 26/36-43). L'heure était tardive, les disciples étaient exténués.

En disant à son Père : "S'il est possible, que cette coupe s'éloigne de moi", Jésus ne trahit pas une certaine hésitation à faire la volonté de son Père. Il ne tergiverse pas. Il dit en quelque sorte à son Père : Si tu pouvais trouver un autre moyen pour sauver cette humanité perdue, différent de l'horrible supplice de la crucifixion... ! Mais Jésus connaît très bien "LES ÉCRITURES" et la volonté de son Père, c'est pourquoi, il ajoute aussitôt : "Que ta volonté soit faite !"

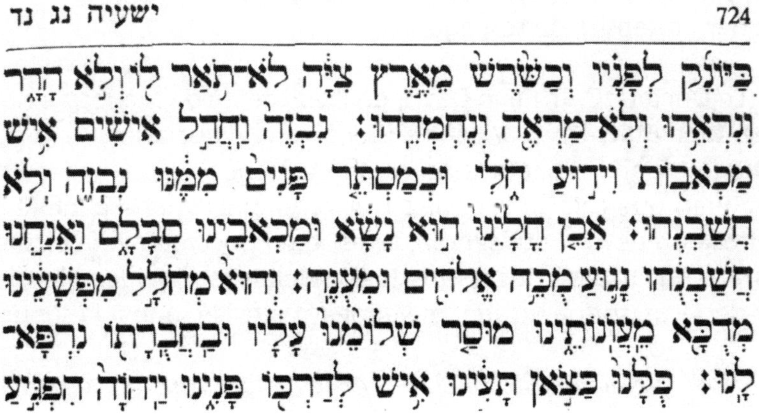
ישעיה נג נד 724

כיונק לפניו וכשרש מארץ ציה לא־תאר לו ולא הדר
3 ונראהו ולא־מראה ונחמדהו׃ נבזה וחדל אישים איש
מכאבות וידוע חלי וכמסתר פנים ממנו נבזה ולא
4 חשבנהו׃ אכן חלינו הוא נשא ומכאבינו סבלם ואנחנו
ה חשבנהו נגוע מכה אלהים ומענה׃ והוא מחלל מפשענו
מדכא מעונתינו מוסר שלומנו עליו ובחברתו נרפא־
6 לנו׃ כלנו כצאן תעינו איש לדרכו פנינו ויהוה הפגיע

Texte du prophète Ésaïe 53/2 à 5 en hébreu

Participant de notre nature humaine, nous comprenons bien que Jésus aimerait éviter, si possible, les souffrances atroces du Calvaire qui se profilent devant lui, mais ce qu'il veut par-dessus tout, c'est faire la volonté de son Père.

"Alors, un ange lui apparut du ciel pour le fortifier. Étant en agonie, il priait plus instamment" (Luc 22/43).

Jésus livre en Gethsémané un combat spirituel intense. Il a engagé toutes les forces de son âme dans une lutte contre les forces diaboliques ; c'est comme un véritable corps à corps. *"Il a présenté avec de grands cris et avec larmes des prières et des supplications à celui qui pouvait le sauver de la mort"* (Hébreux 5/7) ; ce que Dieu a fait en le ressuscitant des morts. Écarter Jésus de la Croix, c'était contrecarrer le plan de Dieu pour le salut du monde, et par là même entraîner toute l'humanité dans l'enfer éternel. C'est la dernière tentation du diable à laquelle Jésus résiste victorieusement.

Qui pourrait décrire l'agonie du Sauveur ? Qui pourrait sonder l'intensité des souffrances de son âme ? Ses souffrances sont telles que *"sa sueur devint comme des caillots de sang qui tombaient à terre"* (Luc 22/44). Sur les quatre évangélistes qui nous relatent les souffrances de Christ, seul Luc, qui était médecin, nous apporte cette précision pour souligner l'intensité de son agonie.

Le Docteur C. Truman Davis, de l'Université de Médecine du Tennessee aux États-Unis, Vice-Président de l'Association Américaine d'Ophtalmologie, explique ainsi ce phénomène :

"Bien que cela se produise très rarement, le phénomène d'hématidrose ou de la sueur sanglante est bien documenté. Subissant un stress émotif intense, les minuscules capillaires dans les glandes de sueur de Jésus ont pu éclater, mélangeant ainsi le sang à la sueur."

"Puis il alla vers ses disciples, et leur dit : Vous dormez maintenant et vous vous reposez ! Voici l'heure est proche, et le Fils de l'homme est livré aux mains des pécheurs. Levez-vous, allons ; voici, celui qui me livre approche" (Matthieu 26/45-46).

L'arrestation de Jésus

"*Comme il parlait encore, voici, Judas, l'un des douze, arriva, et avec lui une foule nombreuse armée d'épées et de bâtons, envoyée par les principaux sacrificateurs et par les anciens du peuple*" (Matthieu 26/47).

On pourrait penser que cette troupe vient pour arrêter un brigand de grand chemin, un homme dangereux, alors que Jésus n'a fait que du bien autour de lui. Jésus ne va pas tenter de s'échapper, de s'enfuir, au contraire.

Alors que la nuit est déjà avancée, ils vinrent *"avec des lanternes, des flambeaux et des armes. Jésus, sachant tout ce qui devait lui arriver, s'avança et leur dit : Qui cherchez-vous ? Ils lui répondirent : Jésus de Nazareth. Jésus leur dit : C'est moi. Et Judas, qui le livrait, était avec eux"* (Jean 18/2-5).

L'attitude de Judas est ignoble. Il va commettre l'innommable. Par un baiser qui est normalement un geste d'affection, d'amour et de respect, il va trahir son Maître. *"Judas leur avait donné ce signe : Celui que j'embrasserai, c'est lui ; saisissez-le. Aussitôt, s'approchant de Jésus, il dit : Salut, Rabbi ! Et il lui donna le baiser"* (Matthieu 26/48-49).

Le baiser de Judas est devenu une expression proverbiale pour exprimer une trahison qui est d'ailleurs considérée comme un crime.

La fin de Judas a été tragique. Quand il vit, quelques heures plus tard, que Jésus était condamné, *"il fut pris de remords, et rapporta les trente pièces d'argent aux principaux sacrificateurs et aux anciens, en disant : J'ai péché en livrant le sang innocent. Ils répondirent : Que nous importe ? Cela te regarde."* Dans un ultime geste de dépit, *"Judas jeta les pièces d'argent dans le temple, se retira, et alla se pendre"* (Matthieu 27/3-5).

L'apôtre Pierre, un des disciples de Jésus, un homme au tempérament impulsif et plutôt téméraire, intervint spontanément pour défendre son Maître. *"Un de ceux qui étaient avec Jésus (l'apôtre Pierre selon Jean 18/10) étendit la main, tira son épée. Il frappa le serviteur du souverain sacrificateur, et lui emporta l'oreille. Mais Jésus, ayant touché l'oreille de cet homme, le guérit.* (Précision apportée par Luc 22/51) *Alors, Jésus dit à Pierre : Remets ton épée dans le fourreau... Penses-tu que je ne puisse pas invoquer mon Père, qui me donnerait à l'instant plus de douze légions d'anges ?* (c'est-à-dire plus de 72 000 anges). *Comment donc s'accompliraient les Écritures, d'après lesquelles il doit en être ainsi ?"*

Malgré les apparences, Jésus reste parfaitement maître de la situation. Avec un calme remarquable, il dit à ceux qui sont venus pour l'arrêter : *"Vous êtes venus comme après un brigand, avec des épées et des bâtons, pour vous emparer de moi. J'étais tous les jours assis parmi vous, enseignant dans le temple, et vous ne m'avez pas saisi. Mais tout cela est arrivé afin que les écrits des prophètes soient accomplis"* (Matthieu 26/51-56).

Jésus leur dit encore : *"C'est ici votre heure, et la puissance des ténèbres"* (Luc 22/53). C'est la nuit, c'est le règne de l'obscurité, un moment propice pour les ouvriers conscients ou inconscients de Satan, le prince des ténèbres. *"La cohorte, le tribun et les huissiers des Juifs, se saisirent alors de Jésus, et le lièrent"* (Jean 18/12).

Ce n'est pas par faiblesse ou impuissance que Jésus s'est laissé lier, c'est par obéissance aux Écritures qui avaient annoncé d'avance tous les détails entourant ces événements ; c'est par obéissance à la volonté de son Père, et c'est par amour pour nous pécheurs, afin d'accomplir l'expiation de nos péchés par son sacrifice sur la Croix.

Gabbatha, où Jésus fut condamné

Gabbatha ! C'est là que se trouvait le tribunal public, où Ponce Pilate, gouverneur de la Judée à la solde de César et de l'empire romain, rendait son verdict.

C'est là que va se dérouler, en seulement quelques heures, (c'est dire la précipitation qui l'accompagne), le plus grand procès de l'histoire de l'humanité. Ce fut une dramatique parodie de justice, une action judiciaire profondément inique ; le but poursuivi n'étant pas de rendre la justice, mais bien d'éliminer Jésus, de le faire mourir.

Jésus va subir six interrogatoires successifs.
Tout d'abord devant les autorités religieuses juives :

➤ Devant Anne, l'ancien Souverain Sacrificateur qui avait encore une grande influence et qui voulait interroger Jésus. Puis devant Caïphe, le Souverain Sacrificateur alors en fonction, auquel Anne l'avait renvoyé (Jean 18/13 à 24).

L'audience devant Anne, comme celle devant Caïphe, semble s'être tenue assez rapidement.

➤ De nuit, devant le Sanhédrin (Corps gouvernemental juif constitué de 70 membres sous la présidence du Souverain Sacrificateur).

"Les principaux sacrificateurs et le sanhédrin cherchaient un témoignage contre Jésus, pour le faire mourir, et ils n'en trouvèrent pas ; car plusieurs rendaient de faux témoignages contre lui, mais les témoignages ne s'accordaient pas" (Marc 14/55-56).

Malgré les fausses accusations lancées contre lui, Jésus *"garda le silence" ; "ne répondit rien" ; "ne donna de réponse à aucune parole."* Sept fois les évangiles soulignent les silences de Jésus. Pierre a écrit dans sa première lettre (2/23) : *"Injurié, il ne rendait point d'injures, maltraité, il ne faisait point de menaces, mais s'en remettait à celui qui juge justement."*

Loin de se défendre, Jésus a choisi de se taire, *"comme une brebis muette devant ceux qui la tondent."* Il a choisi de souffrir afin de faire l'expiation de nos péchés par son sacrifice sur la Croix. Le prophète Ésaïe l'avait annoncé plus de sept siècles auparavant : *"Il a été maltraité et opprimé, et il n'a point ouvert la bouche, semblable à un agneau qu'on mène à la boucherie, à une brebis muette devant ceux qui la tondent ; il n'a point ouvert la bouche"* (53/7).

Jésus n'a rien dit pour se défendre en dénonçant les irrégularités de son procès particulièrement inique. Il a choisi de se taire. Il a choisi de souffrir. Il a choisi de mourir pour expier nos péchés et sauver notre âme de la perdition éternelle.

"Alors le Souverain Sacrificateur, se levant au milieu de l'assemblée, interrogea Jésus, et dit : Ne réponds-tu rien ? Qu'est-ce que ces gens déposent contre toi ? Jésus garda le silence, et ne répondit rien. Le Souverain Sacrificateur l'interrogea de nouveau, et lui dit : Es-tu le Christ, le Fils du Dieu Béni ? Cette fois, Jésus va répondre : *"Jésus répondit : Je le suis... Alors le Souverain Sacrificateur déchira ses vêtements, et dit : Qu'avons-nous encore besoin de témoin ? Vous avez entendu le blasphème. Qu'en pensez-vous ?"*

Jésus ne prononce aucune parole blasphématoire, il ne fait que proclamer la vérité, car c'est bien lui le Messie promis, l'envoyé de Dieu. Plus que quiconque, le Souverain Sacrificateur aurait dû le reconnaître. *"Tous le condamnèrent comme méritant la mort. Quelques-uns se mirent à cracher sur lui, à lui voiler le visage et à le frapper à coups de poing, en lui disant : Devine ! Même les serviteurs le frappaient en lui donnant des gifles"* (Marc 14/60-65).

➤ Au petit matin, devant le sanhédrin

"Dès que le matin fut venu, tous les principaux sacrificateurs et les anciens du peuple tinrent conseil contre Jésus, pour le faire mourir" (Matthieu 27/1-2).

D'après les ordonnances juives, de telles assemblées étaient interdites de nuit. Les séances devaient avoir lieu au temple et non dans la maison du souverain sacrificateur, comme ce fut le cas pour Jésus (Luc 22/54). Faire à Jésus un procès juste et légal n'était pas leur préoccupation première. Le but qu'ils poursuivaient c'était de faire disparaître Jésus au plus vite. Le sanhédrin, qui n'avait pas le droit de faire exécuter une sentence de mort, décida donc, séance tenante, de conduire Jésus devant les autorités romaines afin qu'elles prennent en charge l'exécution de Jésus.

➤ Devant le Gouverneur Ponce Pilate, la plus haute autorité romaine

"Après l'avoir lié, ils l'emmenèrent, et le livrèrent à Ponce Pilate, le Gouverneur" (Matthieu 27/2).

Les chefs religieux avaient condamné Jésus pour des motifs religieux. Devant Ponce Pilate, l'autorité civile romaine, leurs accusations deviennent politiques : (Luc 23/2-3). *"Nous avons trouvé cet homme excitant notre nation à la révolte, empêchant de payer le tribut à César."*

Pure calomnie puisque quelques jours auparavant, les religieux, lui tendant un piège, lui posèrent cette question : *"Nous est-il permis ou non, de payer le tribut à César ? Jésus, apercevant leur ruse, leur répondit : Montrez-moi un denier. De qui porte-t-il l'effigie et l'inscription ? De César, répondirent-ils. Alors Jésus leur dit : Rendez donc à César ce qui est à César, et à Dieu ce qui est à Dieu"* (Luc 20/22-25). Expression bien connue, que l'on trouve même dans la liste des proverbes français : "Il faut rendre à César ce qui appartient à César, et à Dieu ce qui est à Dieu : Il faut rendre à chacun ce qui lui est dû." (Larousse).

Autre question posée par Pilate à Jésus : *"Es-tu le roi des Juifs ? Jésus lui répondit : Tu le dis"*. Jean 18/36-37 ajoute cette parole de Jésus : *"Mon royaume n'est pas de ce monde. Si mon royaume était de ce monde, mes serviteurs auraient combattu pour moi afin que je ne sois pas livré aux Juifs ; mais maintenant, mon royaume n'est point d'ici-bas. Pilate lui dit : Tu es donc roi ? Jésus répondit : Tu le dis, je suis roi. Je suis né et je suis venu dans le monde pour rendre témoignage à la vérité. Quiconque est de la vérité écoute ma voix. Pilate lui dit : Qu'est-ce que la vérité ?"* (Jean 18/36-38).

"Pilate dit aux principaux sacrificateurs et à la foule : Je ne trouve rien de coupable en cet homme. Mais ils insistèrent et dirent : Il soulève le peuple en enseignant par toute la Judée, depuis la Galilée où il a commencé jusqu'ici. Quand Pilate, entendit parler de la Galilée, il demanda si cet homme était Galiléen ; et ayant appris qu'il était de la juridiction d'Hérode, il renvoya Jésus à Hérode, qui se trouvait aussi à Jérusalem en ces jours-là" (Luc 23/4-7).

➤ Jésus devant Hérode, gouverneur de la Galilée

"Lorsque Hérode (qui avait fait décapiter le prophète Jean-Baptiste : Matthieu 14/3-12) *vit Jésus, il en eut une grande joie ; car depuis longtemps il désirait le voir, à cause de ce qu'il avait entendu dire de lui, et il espérait qu'il le verrait faire quelque miracle. Il lui adressa beaucoup de questions, mais Jésus ne lui répondit rien. Les principaux sacrificateurs et les scribes étaient là, et l'accusaient avec violence. Hérode, avec ses gardes, le traita avec mépris ; et après s'être moqué de lui et l'avoir revêtu d'un habit éclatant, il le renvoya à Pilate."*

➤ Jésus de nouveau devant Pilate

Pilate n'aime pas les Juifs. Son mandat est marqué par la tyrannie et la cruauté dont il fit preuve à leur égard. Il se rendit odieux à leurs yeux en massacrant des galiléens venus à Jérusalem pour adorer Dieu, au moment même où ils offraient leurs sacrifices, *"mélangeant le sang de plusieurs galiléens, à leurs sacrifices"* (Luc 13/1). Partisan de la manière forte, Pilate n'hésita pas à faire couler le sang pour prévenir ou réprimer toute agitation.

Avec cette "Affaire Jésus", Pilate est sérieusement dans l'embarras. Il reconnaît que Jésus n'est aucunement coupable de toutes les choses dont les religieux l'accusent. Plusieurs fois, Pilate affirme au peuple son innocence. Il voudrait le relâcher, mais les Juifs ne l'entendent pas de cette oreille.

"Ayant assemblé les principaux sacrificateurs, les magistrats et le peuple, Pilate leur dit : Vous m'avez amené cet homme comme excitant le peuple à la révolte. Et voici, je l'ai interrogé devant vous. Je ne l'ai trouvé coupable d'aucune des choses dont vous l'accusez ; ni Hérode non plus, car il nous l'a renvoyé. Cet homme n'a rien fait qui soit digne de mort. Je le relâcherai donc après l'avoir fait battre de verge" (Luc 23/13-16).

"À chaque fête, le gouverneur avait coutume de relâcher un prisonnier, celui que demandait la foule. Ils avaient alors un prisonnier fameux, nommé Barabbas arrêté pour meurtre commis dans une sédition. Comme ils étaient assemblés, Pilate leur dit : Lequel voulez-vous que je vous relâche, Barabbas ou Jésus qu'on appelle Christ ? Car il savait que c'était par envie qu'ils avaient livré Jésus... Ils répondirent : Barabbas. Pilate leur dit : Que ferais-je donc de Jésus, qu'on appelle Christ ? Tous répondirent : Qu'il soit crucifié ! Le gouverneur dit : Mais quel mal a-t-il fait ? Et ils crièrent encore plus fort : Qu'il soit crucifié !" (Matthieu 27/15-23).

"Pilate cherchait à le relâcher. Mais les Juifs criaient : Si tu le relâches, tu n'es pas ami de César. Quiconque se fait roi se déclare contre César" (Jean 19/12). Excitée par les religieux, la foule augmenta la pression sur Pilate. Elle cria de plus en plus fort, et se servit du nom de l'empereur pour faire céder le gouverneur romain, qui craignait de perdre sa place et même sa vie si des bruits d'insurrection parvenaient à César. *"Pilate, ayant entendu ces paroles, amena Jésus dehors, et il siégea au tribunal, au lieu appelé le Pavé, en hébreu Gabbatha. Pilate dit aux Juifs : Voici votre roi. Mais ils s'écrièrent : Ôte, ôte, crucifie-le. Pilate leur dit : Crucifierai-je votre roi ? Les principaux sacrificateurs répondirent : Nous n'avons de roi que César"* (Jean 19/13-15).

Les chefs religieux sont tellement décidés à se débarrasser de Jésus que, malgré leur haine de l'occupant romain, ils crient que l'empereur est leur roi. Imaginez, dans un autre registre, que les Français aient crié pendant l'occupation allemande durant la seconde guerre mondiale, qu'Hitler était leur chef... !

Ils ont complètement perdu le nord. Leur vocation consistait à conduire le peuple d'Israël à Dieu, et voilà qu'ils font allégeance à César, un empereur profondément païen et cruel. Pour assouvir leur haine à l'égard de Jésus, ils demandent qu'on crucifie leur Messie !

"Pilate, voyant qu'il ne gagnait rien, mais que le tumulte augmentait, prit de l'eau, se lava les mains en présence de la foule, et dit : Je suis innocent du sang de ce juste. Cela vous regarde" (Matthieu 27/24).

Pilate s'est lavé les mains mais pas la conscience. Il proclame son innocence mais sa responsabilité et sa culpabilité demeurent entières. Pour conserver la faveur de l'empereur, Pilate sacrifia Jésus et sa propre âme. *"Alors Pilate relâcha Barabbas ; et après avoir fait fouetter Jésus, il le livra pour être crucifié"* (27/26).

La flagellation était un supplice horriblement cruel. Les soldats romains étaient armés de fouets à manche court avec deux lanières de

cuir garnies à leurs extrémités de morceaux d'os ou de plomb, afin de rendre les blessures encore plus profondes. Sans aucun ménagement, pour ne pas dire avec fureur, les soldats romains parfois au nombre de deux, frappaient violemment de leurs fouets le dos dénudé du condamné, lequel était considéré comme un paria rejeté de tous. Son sang coulait. Sa chair était littéralement labourée. *"Des laboureurs ont labouré mon dos. Ils y ont tracé de longs sillons"* (Psaume 129/3). Il n'était pas rare que des condamnés meurent sous les coups de fouets, avant même d'avoir été crucifiés.

Jésus savait qu'il subirait cet horrible supplice. Mais par amour pour nous, il a accepté de supporter un tel châtiment. Nous nous sentons vraiment indignes d'un tel amour. Mon langage est insuffisant, les mots me manquent, ils sont bien trop faibles pour dire les sentiments profonds de mon cœur ; je ne sais comment exprimer au Seigneur Jésus ma reconnaissance et mon amour, son amour pour nous est si grand, si prodigieux.

Cet amour-là, l'amour incommensurable de Dieu le Père et de son Fils bien-aimé Jésus, est aussi pour vous, oui pour vous ; croyez-le de tout votre cœur, faites-lui confiance, et vous le verrez aussi se manifester dans votre vie.

Comme si cela ne suffisait pas, Jésus va maintenant être tourné en dérision :

"Les soldats du gouverneur conduisirent Jésus dans le prétoire, et ils assemblèrent autour de lui toute la cohorte. Ils lui ôtèrent ses vêtements, et le couvrirent d'un manteau écarlate. Ils tressèrent une couronne d'épines, qu'ils posèrent sur sa tête, et ils lui mirent un roseau dans la main droite ; puis, s'agenouillant devant lui, ils le raillaient, en disant : Salut, Roi des Juifs ! Et ils crachaient contre lui, prenaient le roseau, et frappaient sur sa tête. Après s'être ainsi moqués de lui, ils lui ôtèrent le manteau, lui remirent ses vêtements, et l'emmenèrent pour le crucifier" (Matthieu 27/27-31).

À la question de Pilate : *"Es-tu de roi des Juifs ?"*, Jésus avait répondu : *"Mon royaume n'est pas de ce monde..."* Mais pour se moquer de Jésus et de sa royauté, pour le ridiculiser, ils lui firent subir de nouvelles brimades. Se saisissant du roseau qu'ils avaient mis dans sa main, ils frappaient sa tête coiffée d'une couronne d'épines qui s'enfonçaient dans son cuir chevelu, faisant ruisseler son sang sur un visage déjà défiguré par la douleur (Ésaïe 52/14).

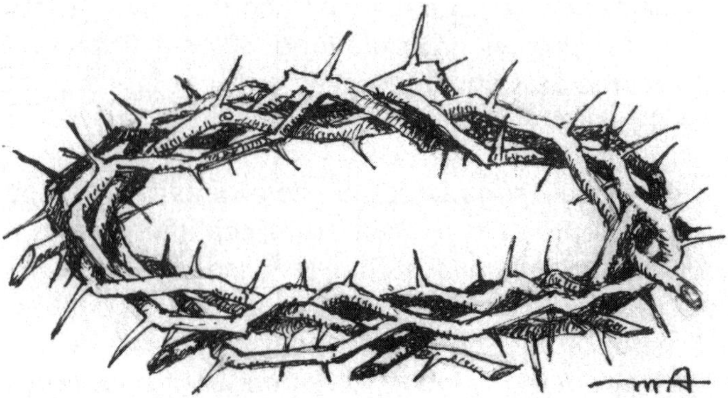

Mais qu'a-t-il donc fait pour être traité comme un malfaiteur, comme un brigand, comme un criminel, comme un infâme ? Lui qui *"allait de lieu en lieu en faisant du bien..."* (Actes 10/38).

Au cours de son ministère, il a guéri de nombreux malades. Il a aimé, consolé, délivré, pardonné, sauvé. Ceux qui entendaient son message disait : *"Jamais homme n'a parlé comme cet homme"* (Jean 7/46). Ceux qui voyaient ses œuvres s'écriaient : *"Il fait tout à merveille"* (Marc 7/37). Il n'a jamais triché, ni menti, ni blessé ; il n'a jamais fait le mal sous quelque forme que ce soit. Et pourtant *"Ils l'ont tué, en le pendant au bois"* (Actes 10/39).

C'est vraiment la plus criante injustice que l'humanité ait jamais connue de tous temps !

Golgotha, où Jésus fut crucifié

"*Ils l'emmenèrent pour le crucifier*" (Matthieu 27/31).

Les condamnés devaient porter eux-mêmes leur propre croix jusqu'au lieu du supplice. Mais pour Jésus, certainement épuisé par l'agonie de Gethsémané, par une nuit d'interrogatoires, par le cruel supplice de la flagellation et la perte de sang qui s'ensuivit, sous le choc des souffrances déjà endurées, le poids de sa lourde croix devait certainement dépasser la limite de ses forces. Aussi trébucha-t-il sur le chemin qui le conduisait au Golgotha.

"Comme ils l'emmenaient, ils prirent un certain Simon de Cyrène, qui revenait des champs, et ils le chargèrent de la croix, pour qu'il la porte derrière Jésus" (Luc 23/26).

"Arrivés au lieu nommé Golgotha, (en latin Calvarium qui a donné en français Calvaire) *ce qui signifie lieu du crâne, ils lui donnèrent à boire du vin mêlé de fiel ; mais quand il l'eut goûté, il ne voulut pas boire"* (Matthieu 27/34). Marc 15/23 précise : *"du vin mêlé de myrrhe."* C'était un breuvage anesthésiant.

D'après le Talmud, il existait à Jérusalem une sorte de confrérie de femmes riches qui, par humanité, offraient elles-mêmes cette drogue aux condamnés afin de soulager tant soit peu leurs souffrances. *"Donnez des liqueurs fortes à celui qui va périr"* dit le Proverbe 31/6. Mais Jésus rejette cet anesthésiant. Il ne veut pas tomber dans un état second. Il veut garder intactes ses facultés mentales. Il veut affronter la mort en pleine lucidité d'esprit. C'est ainsi qu'il pourra répondre à la supplique d'un des deux brigands crucifiés pour leurs crimes, qui lui demande grâce. (Luc 23/43) Jésus a encore d'autres paroles à prononcer sur la croix, *"afin que l'Écriture soit accomplie."* Cela est précisé neuf fois dans l'Évangile de Matthieu. Jésus prononcera sept paroles d'une grande importance.

"Ils le crucifièrent là, ainsi que les deux malfaiteurs, l'un à droite, l'autre à gauche" (Luc 23/33).

"Ils le crucifièrent là." Seulement quatre mots, mais quelle somme de souffrances, et quelles souffrances !

Cicéron a défini la crucifixion comme "le châtiment le plus cruel et le plus odieux qui soit" et Origène la qualifie de "suprême infamie."

Le Dictionnaire Encyclopédique de la Bible du Docteur en Théologie Alexandre Westphal dit ceci sur la crucifixion : "Les récits évangéliques au sujet de ce supplice enduré par Jésus sont en accord avec les renseignements de l'histoire profane relatifs au crucifiement. Aussitôt après la sentence, le condamné était battu de verges jusqu'au sang. Pilate fit infliger ce flagellum à Jésus avant l'exécution (Jean 19/1) pour tenter de donner, par un compromis, satisfaction à la haine des Juifs (Luc 23/32).

Le supplicié était alors chargé de la poutre transversale (patibulum) de la croix et, sous ce fardeau, il marchait encadré de soldats, généralement au nombre de quatre, jusqu'au lieu du supplice qui était toujours hors de la cité (Hébreux 13/13).

Sur le lieu de l'exécution, le condamné était dépouillé de ses vêtements qui devenaient le butin des soldats (Matthieu 27/35). Il était alors étendu à terre, sur le dos, les épaules et les bras allongés sur le patibulum ; on lui fixait les mains sur cette poutre avec des cordes ou plus souvent avec des clous, et on hissait le supplicié au haut du poteau vertical qui restait fiché en permanence en cet endroit maudit. La partie centrale du patibulum était engagée dans l'encoche taillée à cet effet au haut de la poutre verticale.

Celle-ci portait à mi-hauteur une cheville de bois (sedile) qu'on faisait enfourcher au supplicié, pour le soutenir et pour empêcher que le poids du corps lui déchirât les mains (ou poignets) et provoquât sa chute. Les pieds étaient fixés en bas, à une faible distance du sol, par des cordes ou des clous. Jésus fut cloué sur la Croix. Jean 20/25 cite cette parole de Thomas : *"Si je ne vois dans ses mains la marque des clous... je ne croirai point."*

On plaçait au-dessus de sa tête un écriteau où étaient inscrits le nom du supplicié et le motif de sa condamnation. On abrégeait souvent les souffrances du supplicié en lui donnant le coup de grâce, en l'espèce le crurifragium : on lui brisait les jambes. Les deux brigands du Calvaire subirent ce traitement. On eût brisé les jambes de Jésus s'il n'eût été déjà mort. Un soldat constatant sa mort lui perça le flanc ; *"du sang et de l'eau"* sortirent de sa blessure (Jean 19/34).

Je crois que nous ne pourrons jamais évaluer vraiment l'intensité des souffrances de Jésus. Elles furent infernales dans le plein sens du terme. Je ne peux décrire l'affreuse réalité de ces longs clous de fer, qui se fraient un chemin à travers la chair de ses mains et de ses pieds, et du sang qui jaillit de ses blessures.

Le prophète Ésaïe a écrit : *"Il a été pour plusieurs un sujet d'effroi, tant son visage était défiguré, tant son aspect différait de celui des fils de l'homme"* (52/14).

"Beaucoup ont été horrifiés, tellement son visage était défiguré et tant son apparence n'avait plus rien d'humain" (Semeur). Tout ensanglanté, le visage tuméfié par les coups reçus, une partie de sa barbe arrachée (Ésaïe 50/6), son corps tordu par la douleur, Jésus ne crie pas vengeance ; il ne demande pas que justice lui soit rendue. Écoutez-le : *"Père, pardonne-leur, car ils ne savent ce qu'ils font"* (Luc 23/34). Certes, ils savent bien qu'ils font mal, mais ce qu'ils ignorent, c'est qu'ils font mourir d'une mort infâme le Fils de Dieu, le Messie d'Israël, le Sauveur du monde. Non seulement Jésus n'exprime aucun désir de vengeance, mais il se fait l'avocat de ses bourreaux.

L'apôtre Paul écrira aux chrétiens de l'Église de Corinthe : *"Aucun chef de ce siècle n'a connu la sagesse de Dieu, car s'ils l'avaient connue, ils n'auraient pas crucifié le Seigneur de gloire"* (1 Corinthiens 2/8).

Jésus fut crucifié vers neuf heures du matin. Puis, vers midi, à l'heure où le soleil brille de tout son éclat, un événement aussi soudain qu'inattendu s'est produit : *"Depuis la sixième heure jusqu'à la neuvième* (selon la manière juive de compter le temps – soit de midi jusqu'à quinze heures) *il y eut des ténèbres sur toute la terre."* (Selon un hébraïsme, sous-entendu la terre d'Israël ; plusieurs versions ont traduit "sur tout le pays").

L'histoire a gardé le souvenir d'un astronome, qui a constaté cette obscurité inexplicable, cette nuit surnaturelle qui a duré trois heures, et qui a déclaré : "Ou bien le Dieu de la nature souffre ou bien la machine du monde tombe en ruine."

La vérité, c'était que Jésus, le Fils de Dieu, créateur de la nature, qui avait dit : *"Je suis la lumière du monde"* (Jean 8/12), était en train de mourir, c'est pourquoi les ténèbres envahirent la terre. C'était l'heure de la puissance des ténèbres.

Que se passe-t-il dans l'âme du Sauveur ? Jésus vit des heures qu'aucun langage humain ne peut décrire. C'est le moment le plus sacré de toute l'histoire de l'humanité. Sur cette croix, Jésus connaît les souffrances les plus atroces. Pendant ces trois heures de ténèbres, Jésus subit l'indescriptible malédiction qu'engendrent nos péchés. La colère du Dieu Juste et Saint contre nos iniquités est tombée sur lui. Sa souffrance est telle qu'il va lancer ce cri déchirant : *"Mon Dieu, mon Dieu, pourquoi m'as-tu abandonné ?"* (Matthieu 27/46).

Jusqu'ici, Jésus a toujours vécu dans une réelle, profonde et continuelle communion avec Dieu son Père ; mais là, sur cette croix, pendant ces trois heures de ténèbres surnaturelles, Jésus est identifié aux péchés du monde entier. *"Celui qui était innocent de tout péché, Dieu l'a chargé pour nous de tous les péchés du monde ; il est devenu comme une incarnation du péché"* (2 Corinthiens 5/21 – Parole Vivante).

Jésus est le véritable bouc émissaire, selon l'expression qu'on entend encore aujourd'hui, et qui a son origine dans les sacrifices que les Juifs offraient à Dieu selon l'ordre du Lévitique. C'est alors que son intime et continuelle communion avec son Père est rompue ; ce qui arracha du cœur de Jésus ce cri déchirant : *"Mon Dieu, mon Dieu, pourquoi m'as-tu abandonné ?"*

La Bible nous enseigne clairement que le péché a toujours, à plus ou moins brève ou longue échéance, un effet boomerang : *"Sachez que votre péché vous atteindra"* (Nombres 32/23), ici-bas et dans l'éternité ; sauf si nous plaçons notre foi dans la personne et l'œuvre de Jésus à la Croix ; alors nous sommes pardonnés et *"Il n'y a plus aucune condamnation pour ceux qui sont en Jésus-Christ"* (Romains 8/1).

"Il a été enlevé par l'angoisse et le châtiment" (Ésaïe 53/8).

Nous savons ce que cela signifie quand nous apprenons qu'une personne a été enlevée par un infarctus, c'est l'infarctus qui l'a tuée ; quand une personne a été enlevée par une embolie ou je ne sais quelle maladie mortelle, c'est l'embolie ou la maladie qui l'a emportée. Plus que toutes les souffrances que Jésus a pu endurer, et elles ont été terribles, ce sont nos péchés qui ont tué Jésus. C'est facile de dire que ce sont les chefs religieux et le peuple Juif, que c'est Judas le traître, ou Pilate le lâche ou encore les soldats romains si cruels qui ont tué Jésus. Certes ils ont leur responsabilité et devront en rendre compte à Dieu.

Jésus a subi les conséquences de nos fautes, notre punition, pour que nous soyons acquittés

Mais la véritable raison de sa mort, ce sont nos péchés. *"Christ est mort pour nos péchés"* (1 Corinthiens 15/3). Voilà le véritable sens de la Croix !

Dans les pampas de l'Amérique du Sud, dans ces vastes régions caractérisées par une végétation essentiellement herbacée, les incendies de prairie sont assez fréquents. Poussé par le vent, le feu court rapidement, embrasant toute la plaine. Que peut le chasseur surpris ? À la course, l'homme le plus rapide est vite rejoint par les flammes. Dieu seul sait combien ont déjà péri dans ces prairies enflammées.

Que faire, sinon attendre avec résignation et avec angoisse une mort certaine. Non, surtout pas ; car il y a un moyen de salut, un seul moyen que les Indiens connaissent bien. Il suffit d'allumer devant soi l'herbe de la prairie, et ainsi de déclencher un incendie qui va s'étendre dans le sens du vent. Il faut ensuite se placer sur le terrain déjà brûlé par le feu pour être en pleine sécurité.

Quand arrivera le grand feu, il s'écartera à droite et à gauche, n'ayant plus rien à consumer là où l'herbe a déjà été brûlée. Ainsi notre homme est sauvé des flammes, car "le feu ne passe jamais deux fois au même endroit" disent les Indiens.

De même, le feu du jugement divin ayant atteint Jésus sur la Croix, ceux qui se réfugient par la foi dans l'œuvre de Christ au Calvaire n'ont plus à redouter le jugement divin au dernier jour.

Les trois heures de ténèbres se dissipant, la lumière du jour étant revenue, l'œuvre d'expiation étant parfaitement réalisée, Jésus va dire, dans un cri de victoire : *"Tout est accompli !"* (Jean 19/30).

Trois mots, un seul en grec (texte original du NT) "tetelestaï" ; mais quel message extraordinaire ! Ce mot signifie un accomplissement parfaitement réalisé et jamais remis en cause. Jésus a vraiment achevé l'œuvre que le Père lui avait donné à faire, comme il le dira lui-même. (Jean 17/4).

"Tout est accompli !"

➤ Toutes les prophéties de l'Ancien Testament concernant les événements entourant sa vie et sa mort sont réalisées.

➤ Le sacrifice de la Croix a parfaitement satisfait la justice divine, car le péché a été sanctionné.

➤ Le sang de Jésus répandu a fait l'expiation des péchés pour tous les hommes de tous les temps sous tous les cieux et peut maintenant les purifier de tout péché.

➤ Notre dette envers Dieu est acquittée, définitivement payée, rien n'y sera ajouté.

➤ Le mur que formaient nos péchés est renversé, et le voile du Temple qui nous séparait de Dieu est déchiré.

➤ L'amour de Dieu pour nous pécheurs a été magistralement démontré.

➤ Le chemin du Paradis est maintenant ouvert pour tous ceux qui se repentent envers Dieu et croient en Jésus.

La crucifixion de Jésus n'est pas un accident de parcours, elle est la réalisation du plan divin pour le salut de tout homme, sans aucune distinction de race ou de rang social.

"Puis Jésus s'écria d'une voix forte : Père, je remets mon esprit entre tes mains. Et, en disant ces paroles, il expira" (Luc 23/46).

Ce n'est pas la mort qui s'empare de Jésus. C'est Jésus qui, jouissant du plein contrôle de ses facultés, décide lui-même de l'instant de sa mort. Ces paroles ne sont pas prononcées d'une voix faible, étouffée par la douleur, mais c'est "d'une voix forte", celle du vainqueur qui a pleinement accompli sa mission, la raison même de son incarnation et de sa venue sur la terre.

Certes, la crucifixion de Jésus fut l'acte le plus ignoble, le plus infâme que les hommes aient pu commettre, l'action la plus abominable jamais réalisée sur cette terre ; néanmoins, ce crime odieux accompli contre un innocent, Jésus, le Fils de Dieu, a engendré et engendre encore aujourd'hui de nombreux bienfaits pour ceux qui croient en lui et lui donnent leur cœur et leur vie : le pardon, une vie nouvelle, la vie éternelle, une place au paradis pour l'éternité.

La Bible dit : *"Souviens-toi de Jésus-Christ"* (2 Timothée 2/8).

Dieu nous appelle tous à un devoir de mémoire. Qui dans notre pays peut dire qu'il ne sait pas que le Christ est mort en Croix, alors que l'on rencontre aux carrefours de nos routes de campagne de nombreux calvaires ? On passe peut-être tous les jours devant le même, mais on n'y prête plus attention. Un devoir de mémoire, c'est autre chose.

L'expression "devoir de mémoire" désigne un devoir moral, attribué à des États, d'entretenir le souvenir des souffrances subies dans le passé par certaines catégories de la population, surtout lorsqu'ils en portent la responsabilité.

Le fait que j'aimerais vous relater s'est passé en Bretagne, au temps des locomotives à vapeur. Parti de Rennes, l'Express 1663 s'approchait de la ville de Saint-Malo. Il roulait à vive allure quand, soudain, sans que l'on comprenne ni pourquoi ni comment, le portillon du foyer s'ouvrit.

Une longue flamme envahit la cabine où se trouvaient le chauffeur et le mécanicien. Qu'allait-il advenir ? Le feu allait rapidement s'étendre au premier wagon, puis à tous les autres. Un train qui roule et qui brûle, un véritable enfer qui emporte à 120 km/heure des centaines de voyageurs affolés, brûlés vifs, hurlant de terreur, telle allait être la situation.

Le mécanicien comprit immédiatement à quelle mort horrible étaient exposés les voyageurs. De sa cabine en flammes, à travers le rideau de feu, il se précipita sur les freins ; son chauffeur qui était au charbon le suivit. Ils réussirent à bloquer le train. La catastrophe était évitée, et aucun voyageur ne fut blessé. Mais les deux "sauveteurs" moururent de leurs brûlures, dans d'atroces souffrances. Qui, aujourd'hui, a gardé le souvenir de leur sacrifice ?

"Souviens-toi de Jésus-Christ"
Il a donné sa vie sur la Croix pour sauver la tienne

Bien sûr, sur le moment, chacun a été ému. On a admiré leur dévouement, leur courage, leur sacrifice. Mais aujourd'hui, qui s'en souvient encore ? Bien des années ont passé. Les voyageurs de ce train se sont dispersés. Et depuis longtemps nos deux hommes, qui ont sacrifié leur vie pour sauver des inconnus, sont tombés dans l'oubli. C'est ainsi ! La mémoire est courte, l'émotion s'amenuise, et on finit par oublier.

Quelqu'un a dit que "Le cœur de l'homme est une oubliette."

"Dieu nous a donné la mémoire pour qu'elle puisse se souvenir de Lui, l'intelligence pour qu'elle puisse le connaître, et la volonté pour qu'elle puisse le choisir et l'aimer" (Louis de Blois).

La meilleure manière de nous souvenir de Jésus-Christ, c'est de décider de le choisir comme Sauveur et Seigneur de notre vie ; c'est de décider de le suivre en se conformant à ses instructions, pour vivre une vie qui l'honore et qui honore son sacrifice. Vivre ou continuer de vivre comme s'il n'avait rien fait pour nous ; ne serait-ce pas de notre part une cruelle indifférence faisant fi de son amour envers nous et de son sacrifice à la Croix ?

Il n'est pas nécessaire d'être coupable de péchés scandaleux pour perdre son âme. Il suffit de le dédaigner, de l'ignorer, de ne faire de lui aucun cas, de n'avoir pour lui et pour son sacrifice aucune considération (Ésaïe 53/3)

La Bible dit : *"Comment échapperons-nous en négligeant un si grand salut ?"* (Hébreux 2/3).

Jésus vient donc de mourir. Au même moment, ce vendredi-là, *"le voile du Temple se déchira en deux, depuis le haut jusqu'en bas"*, permettant ainsi à tout être humain un libre accès à la présence de *Dieu. "La terre trembla, des rochers se fendirent, des sépulcres s'ouvrirent, et plusieurs corps des saints qui étaient morts ressuscitèrent... Le centenier et ceux qui étaient avec lui pour garder le corps de Jésus, ayant vu le tremblement de terre et ce qui venait d'arriver, furent saisis d'une grande frayeur, et dirent : Assurément, cet homme était Fils de Dieu"* (Matthieu 27/51-54).

"Après cela, Joseph d'Arimathée, qui était disciple de Jésus, mais en secret par crainte des Juifs, demanda à Pilate la permission de prendre le corps de Jésus. Pilate le lui permit. Il vint donc, et prit le corps de Jésus. Nicodème, qui auparavant était allé de nuit vers Jésus (Jean 3/2), *vint aussi, apportant un mélange d'environ cent livres de myrrhe et d'aloès. Ils prirent donc le corps de Jésus, et l'enveloppèrent de bandes, avec les aromates, comme c'est la coutume d'ensevelir chez les Juifs. Or, il y avait un jardin dans le lieu où Jésus avait été crucifié, et dans le jardin un sépulcre neuf, où personne n'avait encore été mis. C'est là qu'ils déposèrent Jésus"* (Jean 19/38-42).

Jésus est réellement ressuscité !

Tout Jérusalem venait de vivre des heures exceptionnelles. Une atmosphère lourde régnait encore dans la ville. Le corps de Jésus fut déposé dans une tombe taillée dans le roc, et une grosse pierre fut roulée pour en fermer l'entrée. Les familiers de Jésus étaient maintenant muets de désespoir. Pour eux, tout semblait s'écrouler, leurs projets d'avenir anéantis ; leur douleur était indescriptible.

Le dimanche matin, dès l'aube, une nouvelle aussi surprenante qu'inattendue se répandit comme une traînée de poudre dans tout Jérusalem : Jésus est ressuscité, Jésus est vivant !

Mettez-vous à la place :

➤ De Pilate qui, bien qu'ayant reconnu publiquement son innocence, l'avait quand même lâchement livré à ses bourreaux.

➤ Des chefs religieux qui croyaient en avoir fini avec ce Jésus qui avait si vigoureusement dénoncé leur hypocrisie et leur rapine.

➤ De la foule, qui avait été témoin de son effroyable agonie.

➤ Des soldats romains qui l'avaient crucifié et l'avaient vu rendre son dernier soupir.

➤ De Joseph d'Arimathée et de Nicodème qui, après avoir descendu son corps de la croix, l'avaient enveloppé d'un linceul et déposé dans la tombe.

Jésus était bien mort. *"Les soldats, s'étant approchés de Jésus, et le voyant déjà mort, ne lui rompirent pas les jambes ; mais un des soldats lui perça le côté avec une lance, et aussitôt, il sortit du sang et de l'eau"* (Jean 19/33-34).

Ainsi se sont accomplies les prophéties du Psaume 34/21 : *"Aucun de ses os ne sera brisé"*, et de Zacharie 12/10 : *"Ils verront celui qu'ils ont percé."*

Sa mort avait été dûment constatée par un officier romain envoyé par Pilate : *"Joseph d'Arimathée osa se rendre vers Pilate, pour demander le corps de Jésus. Pilate s'étonna qu'il fût mort si tôt ; il fit venir le centenier et lui demanda s'il était mort depuis longtemps. S'en étant assuré par le centenier, il donna le corps à Joseph"* (Marc 15/43-45).

Dans le Nouveau Testament Interlinéaire Grec/Français, le premier mot corps est "sôma". Il est employé pour parler d'un corps mort ou vivant. La deuxième fois, quand Pilate donna le corps à Joseph, c'est le mot "tôma" qui est traduit par cadavre. La traduction œcuménique de la Bible (TOB) et celle du Chanoine Crampon soulignent aussi cette nuance.

Trois jours après la mort de Jésus, *"après le sabbat, à l'aube du premier jour de la semaine* (dimanche matin), *Marie de Magdala et l'autre Marie allèrent voir le sépulcre. Et voici, il y eut un grand tremblement de terre ; car un ange du Seigneur descendit du ciel, vint rouler la pierre, et s'assit dessus. Son aspect était comme l'éclair, et son vêtement comme la neige. Les gardes tremblèrent de peur, et devinrent comme morts.* (Ceux-ci avaient été placés ici par Pilate sur la demande des chefs religieux – Matthieu 27/63-64). *Mais l'ange prit la parole, et dit aux femmes : Pour vous, ne craignez pas ; car je sais que vous cherchez Jésus qui a été crucifié. Il n'est point ici, il est ressuscité, comme il l'avait dit. Venez, voyez le lieu où il était couché, et allez promptement dire à ses disciples qu'il est ressuscité des morts"* (Matthieu 28/1-7).

Les disciples exprimèrent tout d'abord leur scepticisme : *"Ils prirent ces discours pour des rêveries, et ils ne crurent pas ces femmes."* (Luc 24/11), L'attitude psychologique des disciples n'est pas celle de gens qui espèrent, qui attendent, et qui finalement se forgent de toutes pièces un événement imaginaire. Bien que Jésus les ait avertis de sa mort et de sa résurrection, ils ont eu toutes les peines du monde à y croire.

"Jésus leur dit : Voyez mes mains et mes pieds, c'est bien moi ; touchez-moi et voyez : un esprit n'a ni chair ni os, comme vous voyez que j'ai... Comme dans leur joie, ils ne croyaient pas encore, et qu'ils étaient dans l'étonnement, il leur dit : Avez-vous quelque chose à manger ? Ils lui présentèrent du poisson rôti et un rayon de miel. Il en prit, et il en mangea devant eux. Puis il leur dit : C'est là ce que je vous disais lorsque j'étais encore avec vous, qu'il fallait que s'accomplisse tout ce qui est écrit de moi dans la loi de Moïse, dans les prophètes et dans les Psaumes" (Luc 24/39-44).

L'Écriture souligne au moins dix apparitions de Jésus entre sa résurrection et son ascension :

1 - Tout d'abord à Marie de Magdala (Marc 16/9).
2 - Aux femmes qui venaient de quitter le tombeau vide et qui se rendaient vers les disciples (Matthieu 28/9-10).
3 - Aux deux disciples sur le chemin d'Emmaüs (Luc 24).
4 - À l'apôtre Simon Pierre (Luc 24/34).
5 - À dix des onze disciples, Thomas étant absent (Jean 20/19-25).
6 - Huit jours après, aux onze disciples réunis, Thomas étant présent (Jean 20/26-28).
7 - À sept disciples sur les bords du Lac de Tibériade (Jean 21/1-14).
8 - À plus de cinq cents de ses disciples en une seule fois (1 Corinthiens 15/6).
9 - À l'apôtre Jacques (1 Corinthiens 15/7).
10 - Aux apôtres, le jour de son Ascension (Actes 1/3-11).

La résurrection de Jésus n'est pas une histoire inventée par quelques femmes hallucinées, ni imaginée par quelques disciples fanatiques ou visionnaires ; c'est un fait authentique, réel, concret, visible, contrôlé par plusieurs centaines de personnes : *"Après qu'il eut souffert, il leur apparut vivant, et leur en donna plusieurs preuves, se montrant à eux pendant quarante jours* (entre la résurrection et l'ascension), *et parlant des choses qui concernent le royaume de Dieu"* (Actes 1/3).

Lorsque quelques semaines plus tard, pendant la fête de la Pentecôte, l'apôtre Pierre, avec une assurance qui étonnera les chefs religieux, annoncera l'Évangile à la foule rassemblée à cette occasion à Jérusalem, il dira ceci : *"Hommes Israélites, écoutez ces paroles ! Jésus de Nazareth, cet homme à qui Dieu a rendu témoignage devant vous par les miracles, les prodiges et les signes qu'il a opérés par lui au milieu de vous, comme vous le savez vous-mêmes ; cet homme, livré selon le dessein arrêté et selon la prescience de Dieu, vous l'avez crucifié, vous l'avez fait mourir par la main des impies. Dieu l'a ressuscité en le délivrant des liens de la mort... Nous en sommes tous témoins"* (Actes 2/22-24 et 32).

Qui n'a pas entendu parler du "Messie de Haendel" considéré par tous comme une œuvre exceptionnelle, le chef-d'œuvre parmi toutes ses compositions, dont les paroles de son ami et poète Charles Jennens sont tirées des Écritures. Haendel mourut à soixante quinze ans à Londres, le vendredi saint 14 avril de l'année 1759. Il fut enterré en l'abbaye de Westminster. Sur sa tombe, une statue grandeur nature le représente devant son orgue. Il tient dans sa main une feuille de musique, sur laquelle sont écrits ces mots de Job 19/25 : *"Je sais que mon Rédempteur est vivant."*

La Bible dit : *"Parce qu'il demeure éternellement, Jésus possède un sacerdoce qui n'est pas transmissible. C'est aussi pour cela qu'il peut sauver parfaitement ceux qui s'approchent de Dieu par lui, étant toujours vivant pour intercéder en leur faveur"* (Hébreux 7/25).

S'adressant au peuple après la guérison miraculeuse d'un boiteux de naissance âgé de plus de quarante ans, l'apôtre Pierre, en parlant de Jésus, dira : *"Dieu, ayant suscité son serviteur, l'a envoyé pour vous bénir, en détournant chacun de vous de ses iniquités"* (Actes 3/26).

Susciter signifie : faire naître pour aider ou contrecarrer (Dictionnaire Le Robert). Ce fut bien la mission de Jésus tout au long de son ministère : aider, guérir, délivrer, relever, sauver ; et pour contrecarrer les œuvres du diable, *"détruire les œuvres du diable"* (1 Jean 3/8). Son œuvre s'est-elle achevée avec sa mort ? Absolument pas ! Hébreux 7/25 affirme que, ressuscité, Jésus est toujours à l'œuvre pour sauver.

Or, le verbe grec original traduit dans plusieurs versions par "suscité" est traduit dans d'autres par "ressuscité" (Semeur, Parole Vivante,

Jérusalem). Le mot "anistemi" signifie à la fois se lever, susciter et ressusciter. La version TOB a écrit en note : "Il faudrait pouvoir traduire : Dieu a suscité et ressuscité..."

Ce qui revient à dire que Dieu a suscité, fait naître Jésus dans ce monde pour bénir, guérir, délivrer, sauver. Les hommes l'ont tué sur une Croix ; mais Dieu l'a ressuscité (verbe dans lequel on retrouve "suscité") pour continuer de bénir, de guérir, de délivrer et de sauver.

Loin d'être dépassé, l'Évangile avec toutes ses promesses est toujours d'actualité. *"La Parole du Seigneur demeure éternellement. Et cette parole est celle qui vous a été annoncée par l'Évangile"* (1 Pierre 1/25). Vous pouvez, aujourd'hui, faire entièrement confiance au Seigneur, à sa Parole, et remettre votre sort entre ses mains.

Un riche bijoutier proposa à l'un de ses amis de visiter son magasin. Après lui avoir montré plusieurs diamants et pierres précieuses, il lui présenta un joyau sans éclat. Le visiteur de dire au bijoutier : il n'y a aucune beauté dans cette pierre. Le bijoutier, la prenant dans sa main, continua la visite de son magasin. Quelques instants plus tard, ouvrant sa main, il dit à son ami visiteur : "Regarde ma pierre qui brille de tout son éclat. Tu vois, cette pierre précieuse, c'est une opale, il suffit de la chaleur d'une main pour faire ressortir tout son éclat."

Votre vie est-elle aussi terne que l'était cette opale ? Votre vie est-elle triste et mélancolique ? Vous ne savez pas, ou plus, ce que sont la joie, la paix, l'espérance ? Votre avenir vous semble plutôt sombre ?

Acceptez donc, par la foi, de remettre votre vie entre les mains du Seigneur, il agira (Psaume 37/5). La chaleur de son amour rendra à votre vie tout son éclat ; vous connaîtrez la vraie joie de vivre. Dieu vous veut heureux. Vous avez de la valeur à ses yeux.

"Dieu suit de son regard ceux qui sont dans la peine et la souffrance, afin de prendre en main leur cause"

Psaume 10/14 (Synodale)

L'Ascension de Jésus

"**A***près avoir donné ses dernières recommandations à ses disciples, "Jésus les conduisit jusque vers Béthanie et, ayant levé les mains, il les bénit. Pendant qu'il les bénissait, il se sépara d'eux, et fut enlevé au ciel."* (Luc 24/50-51).

"Il fut élevé pendant qu'ils le regardaient, et une nuée le déroba à leurs yeux. Et comme ils avaient les regards fixés vers le ciel pendant qu'il s'en allait, voici, deux hommes vêtus de blanc leur apparurent, et dirent : Hommes Galiléens, pourquoi vous arrêtez-vous à regarder au ciel ? Ce Jésus, qui a été enlevé au ciel du milieu de vous, viendra de la même manière que vous l'avez vu allant au ciel" (Actes 1/0-11).

Jésus est le seul et unique médiateur entre Dieu et les hommes (1 Timothée 2/5). Ressuscité et toujours vivant, il sait bien mieux que nous, pour l'avoir dit lui-même, que *"l'esprit est bien disposé, mais que la nature humaine est faible"* (Marc 14/38). Il intercède pour tous ceux qui s'approchent de Dieu (Hébreux 7/25).

> **"Christ est mort, bien plus :**
> **Il est ressuscité !**
> **Il est à la droite de Dieu,**
> **et il intercède pour nous"**
> **Romains 8/34**

Nul être humain n'est infaillible, même le chrétien le plus fidèle. Jésus est l'unique exception. Lui seul n'a jamais péché. *"Je vous ai écrit ces choses, afin que vous ne péchiez point. Et si quelqu'un a péché, nous avons un avocat auprès du Père, Jésus-Christ, le Juste..."* (1 Jean 2/2).

“La grâce de Dieu, source de salut pour tous les hommes, a été manifestée. Elle nous enseigne à renoncer à l’impiété et aux convoitises mondaines, et à vivre dans le siècle présent selon la sagesse, la justice et la piété, en attendant la bienheureuse espérance, et la manifestation de la gloire de notre grand Dieu et Sauveur Jésus-Christ.
Il s’est donné lui-même pour nous, afin de nous racheter de toute iniquité, et de se faire un peuple qui lui appartienne, purifié par lui, et zélé pour les bonnes œuvres”

(Tite 2/11-14)

Ce passage de la Bible est l’un des résumés les plus concis concernant l’application des grandes vérités de l’Évangile à notre vie quotidienne. Le chrétien authentique s’efforce de rejeter le mal et de faire le bien en toute occasion. Il considère le Retour du Seigneur Jésus, “la bienheureuse espérance”, comme un stimulant pour vivre d’une manière intègre et digne du Christ, qui l’a tant aimé et a sacrifié sa vie sur la Croix pour sauver la sienne.

Le retour de Jésus annoncé

Jésus l'a dit lui-même à ses disciples : *"Je vais vous préparer une place. Et, lorsque je m'en serai allé, et que je vous aurai préparé une place, je reviendrai, et je vous prendrai avec moi, afin que là où je suis vous y soyez aussi"* (Jean 14/2-3).

Par l'incarnation de son Fils, Dieu, qui est éternel, qui vit en dehors du temps et de l'espace, s'est abaissé jusqu'à nous en revêtant une nature humaine en tous points semblable à la nôtre, excepté le péché (Hébreux 2/14). Ainsi, par sa mort et par son sang répandu sur la Croix, il purifie et rachète nos âmes, pour nous faire partager son éternité et sa gloire dans le paradis.

"Le Seigneur lui-même, à un signal donné, à la voix d'un archange, et au son de la trompette de Dieu, descendra du ciel, et les morts en Christ ressusciteront premièrement. Ensuite, nous les vivants, qui seront restés, nous serons tous ensemble enlevés avec eux sur les nuées, à la rencontre du Seigneur dans les airs, et ainsi nous serons toujours avec le Seigneur" (1 Thessaloniciens 4/16-17).

L'expression "les morts en Christ", désigne ceux qui sont morts dans la foi en Jésus. "Nous les vivants", ce sont les chrétiens authentiques, ceux qui ne se contentent pas de se nommer ainsi parce qu'ils ont une religion chrétienne qu'ils pratiquent ou ne pratiquent pas, mais ceux qui, avec la grâce de Dieu, vivent leur foi au quotidien selon les enseignements du Christ et des apôtres consignés dans les Saintes Écritures. Qu'en sera-t-il donc de tous ceux qui n'auront fait aucun cas du

Christ, ni de son enseignement ni de son sacrifice sur la Croix ? La Bible dit : *"Quelle espérance reste-t-il à l'impie, quand Dieu coupe le fil de sa vie, quand il lui retire son âme ?"* (Job 27/8). Aucune !

Parmi les différents tableaux du peintre français du 19e siècle, Eugène Delacroix, il y a au Louvre le célèbre "Dante et Virgile aux Enfers", un titre qui fait référence à une scène racontée par Dante Alighieri, poète Italien, dans son œuvre appelée "L'Enfer", où nous trouvons ces paroles :

"Ainsi s'adresse à nous la Porte des Enfers :
Par moi, on pénètre dans la cité de la souffrance ;
Par moi, on entre dans l'éternelle douleur ;
Par moi, on marche vers le peuple des perdus.
Vous qui entrez ici, abandonnez toute espérance."

Jésus a parlé de ce lieu de tourments éternels (Lire Luc 16/19-31), préparé pour le diable et les démons, qui se sont révoltés contre Dieu (Matthieu 25/41), et dans lequel seront précipités tous ceux qui, je le répète, n'auront porté aucune attention au Christ, à sa Parole, et qui n'auront fait aucun cas de son sacrifice sur la Croix, vivant leur vie dans une totale indifférence à l'égard d'un tel amour et d'un tel sacrifice destiné, justement, à nous sauver de cet enfer.

Je me souviens de l'histoire de cette maman qui, n'écoutant que son cœur, poussée par son amour, n'hésita pas un seul instant à entrer dans la chambre de son bébé pour l'arracher à une mort certaine, un incendie venant de se déclarer dans la maison. Elle traversa les flammes avec précipitation, se saisit de son bébé qui dormait encore dans son berceau, et l'enveloppa dans une couverture, avant de traverser une deuxième fois les flammes pour sortir de la maison. Elle était choquée, mais en même temps heureuse d'avoir sauvé son enfant d'une horrible mort. Toutefois, elle fut sérieusement brûlée au visage et défigurée.

Ce bébé est devenu une petite fille qui est allée à l'école, puis au collège et au lycée. Elle savait quel avait été le courage de sa maman et la réalité de son amour pour elle. Un jour, sa maman alla la chercher à la sortie du lycée. Elle attendait sa fille à la porte de l'établissement. Puis, elle remarqua dans la cour sa fille qui parlait assez longuement avec une autre élève. Elle avait vu sa maman qui, d'ailleurs, s'en était rendu compte, leurs regards s'étant croisés.

Sa camarade lui dit : On dirait que la dame qui est là-bas, t'attend. Et celle-ci de lui répondre : Je ne connais pas cette dame. C'était sa mère, certes défigurée, mais c'était celle qui avait prouvé combien elle l'aimait en risquant sa vie pour la sauver d'une mort horrible.

Quelle flèche dans le cœur de cette mère qui entendit ces paroles, et qui portait sur son visage les marques de son amour pour son enfant. Quelle cruelle indifférence !

Jésus aussi porte les marques de ses souffrances, de son amour, et de son sacrifice à la Croix librement consenti pour nous sauver des flammes éternelles de l'enfer. Après sa résurrection, il dira à l'un de ses disciples, Thomas, que certains ont surnommé "l'incrédule" : *"Regarde mes mains* (percées par les clous), *mets ta main dans mon côté* (ouvert par le coup de lance d'un soldat), *et ne sois pas incrédule, mais crois !"* (Jean 20/27-28).

Quelqu'un a dit : "Un cœur indifférent est aussi coupable qu'une main cruelle." "Le pire de tous les états d'âme, c'est l'indifférence." (Lamennais).

Dieu a tout fait pour nous arracher à ce terrible jugement. Il nous parle par la nature : *"Depuis la création, les œuvres de Dieu parlent à la pensée et à la conscience des hommes de ses perfections invisibles : quiconque sait regarder, peut y discerner clairement sa divinité et sa puissance. Aussi, depuis les temps anciens, les hommes, qui ont sous leurs yeux la terre et le ciel et tout ce que Dieu a créé, ont connu son existence et son pouvoir éternel. Ils n'ont donc aucune excuse de dire qu'ils ne savent pas s'il y a un Dieu... Ils se sont perdus dans des raisonnements insensés et des spéculations futiles... Ils s'enfoncent dans leur folie, cachant leur ignorance sous les grands mots de "science" ou de "philosophie"... S'efforcer de connaître Dieu leur a paru inutile... C'est pourquoi Dieu les a abandonnés à leurs pensées futiles"* (Romains 1/20-28 – Parole Vivante).

Dieu nous parle aussi par les Saintes Écritures, la Bible, dont je vous recommande vivement la lecture. Commencez par le Nouveau Testament, qui nous relate l'Évangile de Jésus-Christ, l'histoire de la naissance de l'Église, et qui rapporte les lettres des apôtres adressées aux croyants de tous les temps. Ne lisez pas la Bible seulement comme un livre historique, mais bien plus, comme *"la Parole vivante et permanente de Dieu"* (1 Pierre 1/23) qui s'adresse aussi à vous, personnellement.

Et surtout, *"Il nous a parlé par son Fils"* (Hébreux 1/1), non seulement par ses enseignements, mais aussi par sa vie, par son exemple, et par l'expression suprême de son amour envers nous manifesté au Calvaire. *"Il n'y a pas de plus grand amour que de donner sa vie pour ses amis"* (Jean 15/13).

Citons cette parole que Dieu nous a laissée par la plume de son prophète Jérémie, parole qui, certes, s'adresse à Israël, mais aussi à chacun de nous : *"Je connais les projets que j'ai formés pour vous, dit l'Éternel, projets de paix et non de malheur, afin de vous donner un avenir et de l'espérance"* (Jérémie 29/11).

Écrivant aux chrétiens de l'Église d'Éphèse, l'apôtre Paul leur dit : *"Vous étiez sans Christ... sans espérance et sans Dieu dans le monde"* (2/12). Notez que le mot "espérance" est intercalé entre Christ et Dieu. Tant il est vrai qu'en dehors de Christ et de Dieu, il n'y a pas de véritable espérance dans ce monde.

Le Prédicateur mondialement connu Billy Graham, que Patrick Poivre d'Arvor a interviewé un dimanche, il y a quelques années lors de son journal télévisé de 13 heures, a écrit : "Mon espérance est dans une personne, le Seigneur Jésus-Christ qui siège à la droite de Dieu. J'ai l'espoir et la certitude d'aller au ciel. Et maintenant, ici-bas, dans cette vie présente, je suis assuré du secours de Dieu... La Bible est plus actuelle que le journal de demain. Elle prédit l'avenir avec une grande exactitude. Elle affirme que le couronnement de notre histoire sera le retour de Jésus-Christ sur terre."

"Tout ce qui a été écrit d'avance l'a été pour notre instruction, afin que, par la patience et la consolation que donnent les Écritures, nous possédions l'espérance" (Romains 15/4).

"Jésus-Christ, notre espérance !" (1 Timothée 1/1)

Il peut, et il veut aussi, devenir aujourd'hui "Votre Espérance !"

Jésus,

"De condition divine,
n'a pas regardé son égalité avec Dieu
comme un butin à préserver,
mais il s'est dépouillé lui-même
en prenant une forme de serviteur,
en devenant semblable aux hommes.
Reconnu comme un simple homme,
il s'est humilié lui-même
en faisant preuve d'obéissance
jusqu'à la mort, même la mort de la croix.

C'est aussi pourquoi Dieu l'a élevé
à la plus haute place,
et lui a donné le nom
qui est au-dessus de tout nom,
afin qu'au nom de Jésus,
tout genou fléchisse dans les cieux,
sur la terre et sous la terre,
et que toute langue reconnaisse
que Jésus-Christ est le Seigneur,
à la gloire de Dieu le Père."

Philippiens 2/5-11

"En Jésus seul – et en aucun autre – se trouve le salut. Dans le monde entier, parmi tous les noms donnés aux hommes, il n'en existe aucun autre par lequel nous puissions être sauvés" (Actes 4/12)

"Vous conduire vers Jésus" (Jean 1/42), vous aider à fixer les regards sur lui (Hébreux 12/2) et à le découvrir, tel a été le but de ce livre : "Jésus, ce célèbre inconnu".

Je suis pleinement conscient de mes limites pour décrire celui dont la gloire dépasse ce que l'homme peut concevoir, cette gloire céleste cachée sous son voile d'humanité. Parfaitement homme et homme parfait, Jésus est aussi parfaitement Dieu.

Je me suis efforcé de le faire, certes, d'une façon bien imparfaite et incomplète, aussi ai-je voulu citer de nombreux textes bibliques, la Bible étant la référence parfaite. Je vous encourage vivement à lire la Bible, car "Ignorer les Écritures, c'est ignorer le Christ" (Saint Jérôme).

Jésus est le thème principal des Écritures, le révélateur de l'immense amour de Dieu pour chacun de nous. Attachez-vous donc à lui, confiez-lui votre vie, votre bonheur présent et éternel en dépend.

Mon dernier mot sera emprunté au dernier verset de la Bible : *"Que la grâce du Seigneur Jésus soit avec vous !"* (Apocalypse 22/21).

Achevé d'imprimer en mars 2012
dans les ateliers de Normandie Roto Impression s.a.s.
61250 Lonrai (Orne)
N° d'impression : 121054
Dépôt légal : septembre 2011

Imprimé en France